RAPPORT

SUR LA

BIBLIOTHÈQUE VICTOR COUSIN

ADRESSÉ

A MONSIEUR LE MINISTRE DE L'INSTRUCTION PUBLIQUE

ANGERS. — IMP. A. BURDIN ET Cie, 4, RUE GARNIER.

RAPPORT

SUR LA

BIBLIOTHÈQUE VICTOR COUSIN

ADRESSÉ

A MONSIEUR LE MINISTRE DE L'INSTRUCTION PUBLIQUE

PAR

Félix CHAMBON
Bibliothécaire à l'Université de Paris

PARIS
—
1908

RAPPORT

SUR LA

BIBLIOTHÈQUE VICTOR COUSIN

Monsieur le Ministre,

J'ai l'honneur de vous adresser un Rapport général sur la Bibliothèque Victor Cousin de 1900 à 1906. Il m'a semblé nécessaire de reprendre sommairement l'histoire (qui n'a jamais été faite) de ce dépôt depuis son origine.

I

LA BIBLIOTHÈQUE DE 1863 à 1899.

1. — Fondation de la Bibliothèque.

Le philosophe Victor Cousin habitait la Sorbonne depuis 1835, lorsqu'en 1852 il avait été admis à la retraite, sans qu'il le demandât. On avait voulu lui retirer son appartement, mais l'on s'était incliné devant sa résistance énergique, et sa riche bibliothèque avait continué d'orner les murs de l'antique Sorbonne.

Onze ans après, arrivé à l'âge de 70 ans, le philosophe songea qu'il était temps d'assurer l'avenir de ses chers livres, et de faire son testament. Il s'en ouvrit à son ami Prosper Mérimée, auquel il avait grande confiance, et lui demanda conseil. L'idée qu'il lui soumit fut approuvée par Mérimée. Elle assurait aux livres une demeure inviolable, et, en même temps, à leur heureux possesseur la jouissance *perpétuelle* de cet appartement qu'on avait voulu lui enlever jadis. Il y eut dans les dispositions prises par Cousin, il serait injuste de le nier, une incontestable générosité, mais il faut y ajouter aussi un peu de malice.

Quoi qu'il en soit, il chargea Mérimée, alors à Biarritz avec la Cour, de soumettre son projet à l'Empereur. Le 22 septembre son ami lui écrivait : « J'ai été questionné beaucoup sur la donation projetée. Il m'a fallu expliquer ce que c'était qu'une bonne édition, une reliure de Bauzonnet et une reliure de Padeloup. Il m'a paru qu'on m'écoutait avec intérêt, et quand j'ai conclu en disant que le Bibliothécaire et le garçon de Bibliothèque seraient payés, on a dit avec le plus gentil sourire d'étonnement : Mais c'est admirable ! Il est vrai qu'on n'est pas habitué à l'adverbe latin *gratis* dans le pays que j'habite. »

Le testament de Victor Cousin est du 1er octobre. Voici les dispositions qui concernent la Bibliothèque :

Ceci est mon testament.

J'institue pour mes légataires universels en pleine et entière propriété, conjointement et avec accroissement entr'eux, MM. Frémyn, notaire à Paris, Mignet, secrétaire perpétuel de l'Académie des Sciences morales et politiques, et Barthelemi St Hilaire, membre aussi de cette Académie. Ces trois amis réunis disposeront de tout ce que je laisse, à moins que je n'en détermine moi-même l'emploi par des codicilles successifs, mon intention étant par ces divers codicilles de consacrer ma fortune à la Philosophie, à l'Université, à l'Amitié.

Fait à Paris, le 1er octobre 1863.

V. Cousin.

Codicille à mon testament.

Je lègue à l'Université, à laquelle je dois le peu que je suis, le meilleur de ma très humble fortune, à savoir ma Bibliothèque, y comprises mes collections d'Art[1], d'autographes et de gravures historiques, le tout estimé à sept ou huit cent mille francs, avec

1. Ces collections d'art ne se retrouvent pas aujourdhui à la Bibl. Cousin.

une rente perpétuelle de dix mille francs en 3 0/0, destinée à subvenir à tous les frais d'entretien et de garde de la dite bibliothèque, des collections qui en dépendent, et du mobilier qui s'y rapporte ; en sorte que ce legs ne puisse jamais rien coûter à l'Université. Je n'y mets que les conditions suivantes :

I. Ma bibliothèque restera dans le local qu'elle occupe aujourd'hui, et prendra le titre de Bibliothèque de M. Cousin, et jamais sous aucun prétexte, elle ne sera réunie à la Bibliothèque de l'Université, ni à aucune autre Bibliothèque.

II. On ne prêtera au dehors et on ne laissera sortir ni livre ni ms., tout sera consulté, examiné, lu sur place comme au British Museum de Londres.

III. Cette bibliothèque contenant surtout des livres rares et précieux, avec de riches reliures anciennes et modernes, n'est évidemment pas faite pour des jeunes gens et pour le premier venu ; elle convient particulièrement aux membres de l'Université, aux membres de l'Institut, ou à d'autres personnes notoirement occupées de recherches philosophiques, historiques et littéraires. Elle sera donc seulement ouverte deux ou trois jours par semaine de dix heures à trois heures. On n'y sera admis que sur un billet donné par le Recteur de l'Académie de Paris, ou par le Bibliothécaire en chef, qui sera, autant que possible, un membre de l'Institut.

Le personnel de cette petite bibliothèque sera composé d'un bibliothécaire en chef, d'un sous-bibliothécaire et d'un garçon de bureau chargé de tout le matériel.

Le Bibliothécaire en chef recevra 4.000 fr. de traitement, le sous-bibliothécaire 2.000 fr. et le garçon de bureau 1,000 fr. avec les autres avantages des garçons de bureau de la Sorbonne. Les 3.000 fr. restant seront affectés aux menus frais du service, surtout à l'achat et à la reliure des livres ou ms., qui paraîtront pouvoir enrichir la bibliothèque.

Le bibliothécaire, le sous-bibliothécaire et le garçon de bureau seront nommés par le Ministre de l'Instruction publique, mais, pour cette fois, je prie Monsieur le Ministre de me permettre d'user ici du droit de première nomination, et de désigner pour Bibliothécaire en chef M. B. St Hilaire, membre de l'Institut, qui par amitié pour moi voudra bien accepter cette modeste fonction, et la garder au moins quelques années. Il connaît parfaitement ma bibliothèque, il sait dans quel esprit elle a été formée et quel esprit il faut apporter à sa conservation et à son accroissement.

Il présentera au ministre le sous-bibliothécaire, qui devra être un agrégé de philosophie, d'histoire ou de littérature ayant le goût des livres. Et je nomme pour garçon de bureau mon domestique Morin, ancien sous-officier de la garde impériale, homme honnête, exact, laborieux, qui seul logera à la Sorbonne dans son logement actuel comme préposé à la garde du dépôt.

Plus tard, j'adresserai à M. B. St Hilaire des instructions détaillées et peut-être un catalogue ou du moins une description générale de ma bibliothèque, mais le présent acte suffit à en assurer après moi l'intégrité, la durée et le meilleur emploi. Cette bibliothèque est mon œuvre la moins imparfaite et c'est à elle que je confie ma mémoire dans l'Université, qui m'a toujours été une seconde patrie dans la grande.

Fait en Sorbonne, ce 15 octobre 1863.

Victor Cousin.

Le deuxième codicille du 20 novembre contenait le paragraphe suivant :

« Dans le codicille relatif à ma bibliothèque, l'Université a été priée de vouloir bien laisser à mes deux domestiques le logement qu'ils occupent actuellement. Morin, ancien brigadier de la garde impériale et décoré de la médaille de Crimée, qui sait lire et écrire, et connaît bien ma bibliothèque, est très capable d'en être le gardien, et je l'ai désigné pour être le garçon de bureau chargé de la tenir propre, et même, les jours de service public, d'assister le sous-bibliothécaire, pour donner les livres et les remettre à leur place. Il recevra un traitement de 1.000 fr. en qualité de garçon de bureau, avec les petits avantages attachés à la Sorbonne à cette fonction. Je n'ai pas besoin de le recommander à M. B. Saint-Hilaire, qui le connaît et l'apprécie. »

La Bibliothèque de Victor Cousin était très connue des bibliophiles, et avait une grande réputation, très méritée, dans le monde. Le bruit de cette donation courut bientôt. Les uns l'estimaient à un million, d'autres à trois cent mille francs seulement, ce qui piqua l'amour-propre de Cousin. Il fit ses doléances au libraire Potier, qui le consola de son mieux[1].

Un des rares privilégiés que Cousin avait admis dans le sanctuaire en a laissé une description inédite intéressante[2]. Les livres se trouvaient dans quatre pièces. On entrait d'abord dans une

1. Lettre de Potier du 5 décembre 1863.
2. E. Farcy. Une visite à la Sorbonne, 25 septembre 1860.

pièce dallée en pierres, où il y avait une table couverte de brochures et de cartes. A droite et à gauche, des corps de bibliothèque à hauteur d'appui, quelques bas-reliefs accrochés à la muraille; sur des socles deux ou trois bustes d'Alexandre, Socrate, Platon, enfin une carte d'Italie et les moulages des portes du baptistère de Florence. Un rideau cachait une petite porte ouvrant sur une chambre haute, bien éclairée, carrée, avec deux tables et des chaises. Les murs étaient tapissés de bibliothèques auxquelles on accédait par un marchepied à rampe, léger et commode : c'était l'asile de la philosophie. Une autre porte conduisait à la salle des auteurs classiques. Là se trouvaient un Bossuet aux armes de Mme de Maintenon, un La Fontaine avec dédicace au procureur général de Harlay, et, dans une petite armoire, les éditions originales de Racine, Corneille, Molière. Cousin les aimait, ses livres! Il savait les faire apprécier, et, jusque dans leurs défectuosités, admirer, qu'ils fussent déchirés ou tachés d'huile! « Qui sait, disait-il, si Richelieu lui-même n'a pas déchiré la page en feuilletant ce volume d'une main impatiente dans un de ces instants où s'agitait dans sa pensée le sort à venir des destinées de la France! Qui sait si La Fontaine n'a pas lui-même versé de l'huile sur ce parchemin[1] dans une heure d'étourderie ou de préoccupation poétique! »

La quatrième et dernière salle contenait la littérature du XIXe siècle.

Napoléon III voulut témoigner sa reconnaissance à Victor Cousin pour cette précieuse donation. Le 17 novembre, Mérimée lui écrit de Compiègne : « L'Empereur m'a dit ce soir que, pour vous remercier du cadeau que vous avez fait à la Sorbonne, il avait donné l'ordre au Préfet de donner votre nom à une des rues nouvelles qu'on fait auprès de chez vous ». Et quelques jours après il assure son ami que la décision avait été toute spontanée et qu'il n'y était absolument pour rien[2] il ajoutait : « Laissez-vous donc faire, mon cher maître, et croyez bien que

1. Je n'ai pu trouver à quel volume ou manuscrit il est fait allusion.
2. Lettre du 1er décembre 1863.

personne ne s'avisera à vous accuser de courtisanerie, pour avoir donné un million et reçu en échange une plaque de fonte de 4 fr. 50. » Le décret attribuant à la rue de Cluny le nom de Victor Cousin est du 24 août 1864. Cousin écrivit à l'empereur pour le remercier, et reçut en réponse le 8 septembre une lettre autographe publiée par Barthélemy Saint-Hilaire, mais dont l'original ne se retrouve plus. « Ce n'est pas le nom, disait Napoléon III, c'est la rue que j'ai illustrée. »

Victor Cousin mourut à Cannes le 14 janvier 1867. Son legs fut accepté par un décret du 3 mai de la même année, publié dans le *Bulletin administratif du Ministère de l'Instruction publique.*

Le 25 mai, M. Mourier, recteur de l'Académie de Paris, annonçait à Barthélemy Saint-Hilaire que le Ministère avait désigné un des bibliothécaires de la Sorbonne pour coopérer aux catalogues[1]; Saint-Hilaire s'y opposa[2], préférant employer des garçons de l'Institut. Le 3 juin, MM. Frémyn, Mignet et Saint-Hilaire remettaient la Bibliothèque à M. Mourier, qui fit des réserves expresses au sujet du catalogue.

Le 20 juin, la princesse Mathilde vint visiter la Bibliothèque, qui fut fermée pendant un an. Le 20 avril 1868, M. Duruy approuvait le règlement que lui soumettait M. Saint-Hilaire, et qui devait rester en vigueur jusqu'en 1905.

Ainsi, dans l'intention de Victor Cousin, sa bibliothèque était pour un public restreint, mais on devait continuer à l'accroître, suivant les principes qui avaient présidé à son premier recrutement. On a vu que dans son codicille, le donateur fait allusion à des instructions qui suivront. Je n'en ai pas trouvé trace, et M. René Millet, exécuteur testamentaire de M. Saint-Hilaire, n'a pas été plus heureux que moi.

1. Cahier de notes personnelles de B. S. H. Par une lettre du 17 octobre 1867, M. Duruy chargeait de ce soin M. Xavier Corneille.

2. « Par suite de la méthode de travail qui avait été adoptée, M. Corneille n'a point eu à intervenir » (Lettre de B. S. H. à M. Duruy, sd.).

2. — Administration de M. Barthélemy Saint-Hilaire.

La Bibliothèque ouvrait le 1er mai 1868, et le 29 mars 1869 M. Saint-Hilaire envoyait au Ministère le rapport suivant :

« La Bibliothèque a été inaugurée le 1er mai 1868, et depuis lors elle n'a point cessé d'être ouverte constamment aux jours et aux heures prescrits par le règlement selon les volontés du donateur. Il n'y a pas eu vacances de cette année; j'aurai peut-être à soumettre sur ce point quelque proposition à V. E. quand le moment sera venu.

« Le nombre des lecteurs n'est pas encore considérable; on peut l'estimer en moyenne à cinq ou six par jour. Les places sont en tout au nombre de seize, et elles pourraient être portées jusqu'à vingt s'il en était besoin. Il est très rare que le nombre des lecteurs ait dépassé douze. On n'entre d'ordinaire qu'avec les cartes délivrées par M. le vice-recteur ou par moi, mais nous avons fait quelques exceptions pour des membres de l'Institut et pour des personnes bien connues. La vigilance la plus scrupuleuse est d'ailleurs exercée comme elle doit toujours l'être, et je ne puis à cet égard, comme à tout autre, que me louer du zèle des deux employés, M. Galleni faisant fonctions de sous-bibliothécaire, et M. Morin garçon de salle.

« J'ai dit à Votre Excellence dans une lettre précédente que mon premier soin quand la Bibliothèque Cousin m'a été remise, avait été de faire dresser un inventaire complet de ce qu'elle contient. Cet inventaire se compose de deux volumes in-fol. de 1.480 pages. J'avais fait en même temps procéder à la confection de cartes qui se montent aujourd'hui à plus de 31.000, à cause des références et des titres divers sous lesquels chaque ouvrage peut être classé. J'ai fait disposer ces cartes par ordre alphabétique, et c'est à l'aide de ces cartes qu'on fait maintenant toutes les recherches nécessaires au service de la Bibliothèque. Mais elles ne peuvent suffire à elles seules, et je fais dresser un catalogue alphabétique dans le genre de celui que possède la Bibliothèque de l'Institut. C'est M. Galleni, employé auxiliaire de cette dernière bibliothèque, qui est chargé aussi de ce travail dans la nôtre, et il s'en acquitte à mon entière satisfaction, avec une rare connaissance de la matière, et un zèle qui ne se fatigue pas. Le premier volume de ce catalogue s'étendant de la lettre A à Boi est achevé; il a 664 pages in-fol. Le second volume avance; et maintenant que l'impulsion est donnée, je compte que cette transcription ira plus rapidement, quoiqu'elle exige de longues et minutieuses confrontations pour arriver à toute l'exactitude désirable.

Jusqu'à ce que ce travail important du catalogue alphabétique soit terminé, je proposerais à V. E. de ne rien changer à la situation de M. Galléni. Il ne touche que la moitié du traitement du sous-bibliothécaire, et l'autre moitié du traitement contribue avec les fonds disponibles d'entretien à faire faire le catalogue. Je hâterai l'achèvement de ce travail autant que je pourrai; car je tiens à pouvoir mettre le catalogue alphabétique le plus tôt possible entre les mains des lecteurs pour que leurs investigations soient plus faciles et plus complètes.

Je ne doute pas que la Bibliothèque Cousin, avec toutes les richesses qu'elle renferme, ne soit de plus en plus fréquentée à mesure qu'elle sera plus connue. Mais les documents de tout ordre qu'elle renferme ne s'adresseront jamais qu'à une élite.

Je vous prie, Monsieur le Ministre, d'agréer, etc.

Votre dévoué serviteur,

B. Saint-Hilaire.

Voici les noms de quelques-unes des personnalités les plus marquantes qui ont travaillé à la Bibliothèque Victor Cousin de 1868 à 1877 :

1868-69. — Ch. Asselineau, — Aubertin, — Avenel, — Baader, — Chantelauze, — Egger, — Alph. Feillet, — Filon, — Gosselin, — Grote, — Guizot, — Huit, — Lachelier, — Marty-Laveaux, — Maze, — Rochebilière[1], — Thurot, — P. Viollet, et un certain nombre d'avocats et de docteurs en médecine.

1870. — L. Lacour, — Colinet, — Bouchard, — Bourdeau.

1871. — Courbet, — Desdouits.

1872. — Feugère, — Ch. Read.

1873. — Challemel-Lacour, — Léon Gambetta, — Jouaust, — Ollé-Laprune, — Ribot, député, — Spuller.

1874. — De Lignerolles, — Damascène Morgand, — Ed. Fournier.

1875. — Maurice Tourneux.

1. Rochebilière collationnait toujours ses exemplaires sur ceux de Victor Cousin.

1876. — O. Uzanne.
1877. — Aulard.

M. Barthélemy Saint-Hilaire avait une confiance aveugle dans M. Galeni et une indifférence assez singulière pour ses fonctions de bibliothécaire[1]. Rarement il venait à la Sorbonne, Galeni était le maître. Il en abusait. — Je reviendrai plus loin sur la valeur des catalogues dressés par lui, et qui excitaient comme on l'a vu la facile admiration de son chef, qui lui laissait emporter chez lui les pièces administratives de la bibliothèque (nominations, comptabilité, etc.) et poussa l'inertie jusqu'à ne pas vouloir les réclamer à la famille, à la mort de cet employé (1890).

Après la mort de Morin, Galeni s'adjoignit un sieur Roy qui, nommé le 17 avril 1877, donna sa démission le 1er avril 1881, et fut remplacé par Duchemin, démissionnaire en novembre 1890. M. Camatte, l'employé actuel, entra à cette date. Le 1er février 1891, M. Leleu, *garçon de la bibliothèque de l'Institut*, était chargé par Barth. Saint-Hilaire des fonctions de SOUS-BIBLIOTHÉCAIRE !!

M. Saint-Hilaire ne semble pas avoir eu d'autres soucis que de n'acheter aucun livre[2], et de placer les économies ainsi réalisées en rentes sur l'État : il est permis de supposer, par les termes mêmes du testament de Victor Cousin, que, en agissant ainsi, il ne répondait en aucune façon aux intentions du donateur.

En laissant maîtres de la situation les garçons faisant fonction de sous-bibliothécaires, il fit péricliter la bibliothèque si brillante laissée par Cousin. Pour Galeni, il y avait cette circonstance atténuante qu'il était loin d'être illettré ; malheureu-

1. Les autorisations de travailler à la Bibliothèque étaient données tantôt par le recteur, tantôt par lui, mais le plus souvent par Mme Morin !! et le 23 juin 1881, il échangeait l'édition SUR GRAND PAPIER des *Documents Inédits*, contre un exemplaire sur papier ordinaire.

2. Pourtant le 29 octobre 1878, il fit des dépenses assez importantes pour la bibl. Cousin : 2 corps de bibliothèques, *des reliures* (et quelles ! — *rognées jusqu'au texte*), 9 paires de rideaux « pour préserver les livres de l'action du soleil », du bois à brûler « provision d'hiver », un costume de garçon de bibliothèque, et de menus frais, — le tout donnant un total de 5.000 francs.

sement, sans surveillance aucune, il était libre de faire ce qu'il voulait dans la Bibliothèque, et les beaux livres du philosophe, à en croire les récits de ceux qui ont vécu dans la vieille Sorbonne, ont vu souvent le soir de singulières scènes.

La Bibliothèque, qui avait continué d'occuper l'ancien appartement de Cousin, au premier étage, sur la cour (emplacement actuel de la salle du Doctorat), se vit obligée en 1892, de déménager et de s'installer, provisoirement, en face, dans l'aile donnant sur la rue de la Sorbonne. M. Barthélemy Saint-Hilaire ne vit pas les nouveaux locaux : il mourut le 24 novembre 1895, et fut remplacé par M. Paul Janet[1].

3. — Administration de M. Paul Janet (1895-1899).

En juillet 1897, la Bibliothèque Victor Cousin fut transférée dans les locaux qu'elle occupe actuellement, au-dessus de la salle de lecture de la Bibliothèque de l'Université, et de son ancien emplacement. Ces locaux sont bien éclairés et bien aérés, mais il est regrettable que l'on ait sacrifié la commodité à l'élégance. Les corps de bibliothèque sont trop espacés, il y a énormément de place perdue ; de plus, les rayons sont fixes, au lieu d'être à clavettes : ce sont des inconvénients auxquels on ne peut malheureusement plus remédier.

Sous l'administration de M. B. Saint-Hilaire, les acquisitions avaient été fort négligées : il entrait un volume de loin en loin. La belle bibliothèque philosophique de Cousin n'était plus au courant. Quoique déjà fort souffrant, M. Janet ne voulut pas suivre les mêmes errements. Assisté de M. Boutroux, il acheta de nombreux ouvrages de philosophie. Il prit aussi possession des livres et mss. légués par Barthélemy Saint-Hilaire, et il vou-

1. Arrêté du 2 décembre 1895.

lait en faire une bibliothèque ouverte [1]. Dans une note du 21 mars 1899, M. de Chantepie disait fort justement : « La Bibl. Cousin est par sa composition une bibliothèque de professeurs, et même, par sa partie relative au XVIIe siècle français, d'érudits... Solliciter les étudiants et attirer le public de nos salles aboutira à se procurer des lecteurs que Cousin frémirait de voir en contact avec ses livres... Il peut y en avoir davantage, mais toujours choisis, et jamais en grand nombre. Ce serait contraire à l'institution, à la nature de la collection, et aux intentions du donateur » [2].

L'administration de M. Janet aurait été meilleure que la précédente, si son état de santé ne l'avait arrêté presque tout de suite. Il mourait, après de longs mois d'inactivité, le 4 octobre 1899.

II

LA BIBLIOTHÈQUE EN 1900

Heureusement, le 19 mars 1900, M. J. de Chantepie du Dézert, conservateur de la Bibliothèque de l'Université, et inspecteur général des bibliothèques, était nommé bibliothécaire en chef par intérim de la Bibliothèque Cousin ; il était spécialement chargé « d'établir entre cette bibliothèque et la Bibliothèque de l'Université les correspondances nécessaires au bien du travail ».

Ayant obtenu, depuis plusieurs mois, l'autorisation de faire des recherches, pour des travaux personnels, à cette Bibliothèque, je m'étais bien vite rendu compte des abus effroyables et du désordre inconcevable cachés à tous les regards non professionnels sous une propreté et un bel ordre, plus apparents que réels, qui faisaient l'admiration des rares visiteurs, et j'en avais parlé

1. De 1869 à 1895, il est entré exactement 930 volumes (nos 14863-15793).
2. Cf. codicille de Cousin, § III.

brièvement un jour à M. de Chantepie. Dès son entrée en fonctions, il me demanda une note sommaire sur ce que j'avais pu remarquer de défectueux dans le classement et les catalogues. Devant le travail considérable à recommencer presque en entier, M. de Chantepie me fit l'honneur de me prendre pour auxiliaire, et c'est à ce titre que je lui remis divers rapports importants, qui ne se sont pas retrouvés dans ses papiers après sa mort. Comme ils constituent, en quelque sorte, une photographie exacte de la bibliothèque Cousin au début de son administration, je crois nécessaire d'en reproduire les parties essentielles.

1. — Les catalogues.

« Il y a trois catalogues :

1° Un catalogue alphabétique relié en volumes in folio, qui est au courant ou à peu près, c'est à dire qu'il est toujours un peu en retard sur les entrées ;

2° Un catalogue méthodique sur feuilles libres, format in-4°, rangées dans des cartons ; il n'a été que commencé, et ne contient qu'une partie de la bibliothèque ;

3° Un catalogue sur fiches qui avait été oublié, et dont on a retrouvé une partie dans une caisse, jamais ouverte, dont on ignorait le contenu. Le reste était à la cave. Un très grand nombre de fiches étaient pourries, et le travail n'allait pas plus loin que le fonds primitif, c'est-à-dire la bibliothèque telle qu'elle était composée à la mort de Cousin.

Il y avait donc pour le mettre au courant :

1° A recopier les fiches moisies et illisibles ;

2° A faire celles des entrées de 1867 à 1900 ;

3° A faire au fur et à mesure celles des acquisitions nouvelles.

... Tous ces catalogues ont le même défaut, ils sont franchement mauvais, et ont été dressés par quelqu'un d'à demi-lettré, remplacé par des illettrés complets, et le travail de l'un comme des autres semble n'avoir jamais été revu par personne. Les erreurs, les noms écorchés, les fautes de transcription quand les titres sont en langue étrangère sont extrêmement nombreux, les connaissances bibliographiques du scripteur étant légères ; il n'y a pas jusqu'à l'indication des formats qui ne soit souvent fautive.

En revanche l'apparence calligraphique est belle et peut faire illusion ; mais la conséquence a été que l'ensemble est extrêmement volumineux, les volumes in-folio énormes et lourds, et que ce monument qui a coûté beaucoup de temps et d'argent est souverainement incommode, et d'un usage d'autant plus difficile que, quoique alphabétique, il n'a pas un seul alphabet, mais plusieurs. On n'a pas intercalé, mais fait des suppléments ; toute recherche exige le maniement d'au moins deux volumes, et quels !

Il est indispensable de donner une idée de ces catalogues.

a) *Catalogue alphabétique.*

Le catalogue par noms d'auteurs a été très mal conçu et très mal exécuté, M. B. Saint-Hilaire prétendant qu' « il n'y avait pas de méthode », et que chacun était libre de le faire à son idée. Ainsi l'on trouvait : les ouvrages de Henri de *Gand* classés à *Gand*, la notice de Troche sur l'*hôtel de la Trémouille* à Paris, au mot : Trimouille (*sic* !), un article de M. Tannery paru dans l'*Archiv f. Geschichte der Philosophie* figurait au mot *Sonderabruck* ! !, un recueil de *Volkslieder* au mot : Allemagne, les ouvrages de Lubbock à la lettre S (*Sir John Lubbock* !). Il est vrai qu'à la lettre J, il y a un renvoi : *John Lubbock*, *voy. Sir John* ! !

Les noms d'auteurs sont estropiés sur le catalogue, et souvent sur les reliures faites postérieurement à la mort de Cousin. Ainsi Reuss devient *Reufs*, Novicow = *Nivocow*, Feuerbach = *Fuerbach*, Lotze = *Lotz*, Dilthey = *Dilthen*, etc. Les titres d'ouvrages sont parfois étrangement défigurés, tel celui de Bénard *sur la philosophie de Platon* qui devient sous la plume du sous-bibliothécaire : la *philosophie* DU PLANTON (*sic* !), et celui d'ANCEAU, *Parallèle des Choëphores*... qui devient le *Parallèle* DES CHOEPHARES.

b) *Catalogue méthodique.*

Le catalogue se compose de 20 cartons-boîtes contenant 12.064 fiches (de 0,22 $\times$ 0,16) ce qui ne donne même pas une fiche par volume, attendu que le fonds Cousin proprement dit en avait 14.560 ! De plus, tels ouvrages qui auraient dû figurer sous plusieurs rubriques ne figurent que sous une seule. — Toutes les fiches sont numérotées dans l'ordre où elles doivent être, de 1 à 12064, ce qui empêche de les déplacer mais interdit en même temps toute intercalation.

Le cadre de classement semble avoir été conçu par un illettré, ou, du moins, par quelqu'un qui ne savait pas le latin, car dans chaque division, il existe une distinction entre les ouvrages écrits en latin et ceux qui ne le sont pas.

THÉOLOGIE

1. CONCILES. — 2. LITURGIE. — 3. THÉOLOGIE :

1. *Écriture Sainte.* Textes et versions. — 2. *Philologie sacrée.* — Sous ce titre, à côté des Sermons de saint Augustin et des Sentences de Pierre Lombard, on trouve l'Histoire de l'Ancien Testament d'Arnauld d'Andilly (fiche 78). — 3. SS. Pères et autres écrivains ecclésiastiques (*sic*). — 4. Théologiens. — 5. Théologie scolastique et dogmatique : on trouve la thèse de Baunard sur Théodulf, à côté des *Miscellanées* de Baluze (n° 627), et du *Thesaurus anecdotorum.* — 6. Théologie morale. Ex. : Pic de La Mirandole, et... les *Provinciales* de Pascal. — 7. Théologie cathéchétique. — 8. Parénétique : Sermons et homélies. Les lettres de Mme Swetchine sont sous cette rubrique. 9. Théologie mystique : l'*Essai sur Gerson* de Schmidt coudoie un traité de M. Hamon. Ce qui concerne Port-Royal est, du reste, placé dans cette section. Les

lettres de la Mère Angélique (fiche 934), les *Instructions chrétiennes* d'Arnaud d'Andilly (936), et même les *Méditations chrétiennes* de MALBRANCHE (*sic*). — 10. Théologie *polémique* : les Pensées de Pascal (1000), les *Statuten der Evangelisch Theologischen Facultät* de Bonn (1633), la *Science de la religion* de Max Müller (1638) et le *Génie du Christianisme* ! — 11. Théologiens séparés de l'Église romaine : (n° 1282), les *Mysterien des innern Lebens* de Eschenmayer. — 12. Opinions singulières. — 13. Religion des peuples orientaux. — 14. Religion judaïque. — 15. Religion mahométane. — 16. Religion des anciens Persans, brahmanisme, boudhisme. — 17. Appendice à la Théologie : Œuvres philosophiques sur la Divinité, déistes, incrédules, athées, etc. Ex. *La Béatitude des Chrestiens* de Jeoffroy Vallée (n° 1457).

PHILOSOPHIE GÉNÉRALE

1. PHILOSOPHES QUI ONT ÉCRIT EN LATIN : Spinoza, Leibnitz, Hobbes, Descartes (Les passions de l'âme). On trouve aussi sous cette rubrique : la thèse latine de Huit sur Pythagore (1626), une thèse (1635) d'Upsal (de Ribbing) sur Berkeley [écrit Kerkeley]. — 2. Philosophes modernes français : l'*Essai sur Alexandre d'Aphrodisias* de Nourrisson (1937), les discours de Cousin pour la défense de l'Université en 1844 (fiche 1940), les traductions de *Bacon* (1949 sq.), Huet, La Mettrie, les *Études sur le XVIII*e *siècle* de Bersot, etc. — 3. Philosophie générale et mélanges en italien, en espagnol et en anglais. — Ex. : l'étude de Rosmini sur Aristote (n° 2614), une traduction anglaise de l'étude de Cousin sur Kant (n° 2679). — 4. Mélanges en allemand : des extraits de Platon, trad. par Schaarschmidt, une *édition critique* d'Aristote (n° 2874), et les ouvrages de Teichmüller sur Aristote, etc. —

JURISPRUDENCE

1. Généralités. Droit de la nature et des gens : les œuvres de

Bentham et de M. de Bonald coudoient le *De Legibus* de Cicéron, la Philosophie du droit pénal de Kant (3158) et les Lois de Platon. — 2. Droit civil et criminel : *a.* — français. La *Vie politique de Royer Collard,* les pièces relatives au collège des Jésuites, actes d'union d'abbayes (n° 3186), les discours politiques de V. Cousin (3203), l'étude sur le budget des Cultes de Ch. Jourdain, les études sur la liberté d'enseignement et le monopole universitaire (3208, 3215). — *b.* Canonique. Étude du droit naturel de Beaussire (3286). — *c.* Étranger. *Négociations de la paix de Munster en* 1648 ! ! (3294), les *Loges* (sic) *Academiae Genevensis* ! (3295).

SCIENCES PHILOSOPHIQUES

1. *Introduction.* L'étude sur Hegel de Ott, une notice sur Kant de Stapp (3364), la thèse de Chapuis sur Antisthène (3376), et une étude sur l'Oratoire et le Cartésianisme en Anjou (3410). — 2. Dictionnaires : la *Philosophie occulte* de Cornelius Agrippa ! et une étude (en allemand) sur Vanini (3536). — 3. Histoire de la philosophie : une dissertation sur Démocrite. — 4. Philosophie générale et mélanges. — 5. Logique. On y trouve les Commentaires de Pierre Ramus sur les Analytiques d'Aristote (4277), et l'*Ars magna sciendi* du P. Kircher (4313), ainsi que la *Théorie du langage* de J. Beattie (4397). — 6. Métaphysique. — *a.* Grecque, latine, française. — Le *Timée* de Platon, la *Psychologie* d'Aristote (4542), des opuscules sur les rêves, le sommeil, la respiration, etc. (4543) et le livre de Nourrisson : la *Nature humaine* (4595). — *b.* — arabe. — *c.* — moderne écrite en latin : Jean Bodin, *De abditis rerum arcanis* (4683), Spinoza et Struve, *Historia doctrinae graecorum ac romanorum philosophorum de statu animarum post mortem* (4871). — *d.* Métaphysiciens français, italiens, allemands, anglais. — 7. Morale. — *a)* Moralistes grecs et latins. — *b)* Moralistes français : *Œuvres sociales* de Channing, trad. par Laboulaye (5499), *Politique* d'Aristote, trad. par

B. S. H. (5502), Bertin, *Les mariages dans l'ancienne société française* (5620), etc. — 3. Moralistes italiens et espagnols. — 4. Moralistes allemands. — 5. Moralistes anglais. — 6. Moralistes orientaux et chinois. — 7. Application de la morale : morale appliquée (n° 5733) : Keriacistrogae (*sic*) *De Republica.* — Économie politique. Politique : (*a*) Principes. (*b*) Application.

8. Pédagogie. — *a*) Appendice à la pédagogie. Écrits relatifs aux différents établissements d'instruction publique : Eichstadt, *De Sophistarum Scholis* (6090), ou [Vogel, Aloys, Literärhistorische Notizen über Vincent de Beauvais], Programme de Fribourg en Brisgau (6091).

SCIENCES PHYSIQUES ET CHIMIQUES. SCIENCES NATURELLES

Traditions tératologiques de Berger de Xivrey (6825) et l'ouvrage de Ptolémée ainsi décrit (6833) : « Ptolemaei de Hypo*tho*sibus planetarum liber singularis, nunc primum in *li*cem cui *accessit ejusdem Ptolemaei Canon Regnorum ex Codicum M. S. collatione summa diligentia restituit, latine reddidit* » (*sic*).

Sciences médicales.

Mathématiques et astronomie.

Art militaire. — Van Helmont, *Hortus medicinae* (7154).

Application aux sciences (?) :

1° Philosophie occulte, Cabale, Magie; 2° Alchimie; 3° Astrologie.

ARTS

1. Généralités : Les *Carrosses à cinq sols* (7199) et *la Chine* d'Ath. Kirchère (*sic*) [7201].

2. Beaux-Arts. *a.* Introduction historique. Philosophie des Beaux-Arts. On y trouve une étude sur les Vernet, une histoire de la peinture en Italie ; — *b.* Peinture. Simplement des catalogues de collections de tableaux ; — *c.* Gravure. Dépouillement de volumes contenant des gravures ! ; — *d.* Sculpture ; —

e. Musique ; — *f*. Architecture : *Inventaire des meubles du Cal Mazarin* (12602).

PHILOLOGIE

Langue grecque ancienne. — *a*) *Traités généraux* : Essai d'idéologie de Daube (7467). Adam Smith, Essai sur la 1re formation des langues (no 7468)[1], Plan d'un cours de grammaire générale par Draparnaud (7476)[2]. — *b*) *Traités spéciaux*.

Langue latine. — *a*) Varron, Burnouf. — *b*) *Index lectionum* de Berlin (7539) qui contient une étude de Boeckh sur Lysias.

Langues romaines. — 1. *Langue française*. — Étude de Thommerel sur la fusion du franco-normand et de l'anglo-saxon (7543).

a) Traités généraux. Un programme de Arland, défiguré en Abland (no 7558).

b) Traités spéciaux. — 2. Langue italienne. — 3. Langue espagnole.

Langues teutoniques. — 1. Allemand. — 2. Anglais.

Langues asiatiques. — Hébreu.

Rhétorique. — 1. Rhéteurs grecs : Ex. 2. Rhéteurs latins anciens et rhéteurs modernes qui ont écrit en latin : la thèse de Sadous sur saint Augustin (7636). — 3. Rhéteurs français. — 4. Orateurs grecs : Homélies d'Eusèbe (7690) ! — 5. Orateurs latins anciens. Il n'y a de Cicéron que les Catilinaires ; par contre on y trouve deux ouvrages de P. Ramus (7703). — 6. Orateurs latins modernes : Lettres (en italien) de Bessarion (7708), Raymond Lulle (7711), éloge funèbre de Condé trad. en latin, etc. — Orateurs français, italiens [Oraisons funèbres].

Poésie. — 1. Introduction et traités généraux. — 2. Poètes grecs. — 3. Poètes latins. — 4. Poètes modernes. — 5. Poètes français. — 6. Poètes italiens. *Chants populaires de la Grèce*, trad. par Fauriel (8377). — 7. Poètes espagnols. — 8. Poètes

1. La page 65 de cet ouvrage est *seule* consacrée au grec.

2. *Lerissac*, qui figure sur la fiche comme nom d'auteur n'a fait que la notice sur la vie de Draparnaud.

portugais. Entre les nos 8443 et 8445 (Camoens), se glisse, sous le n° 8444, le Paradis perdu de Milton. — 9. Poètes allemands. — 10. Poètes anglais : *Poèmes islandais tirés de Saemund* (8464), Paradix POST (*sic*), de Milton (8466), des poésies souabes (8478), l'histoire de la poésie de Bouterwek (8479), etc. — 11. Poètes sanscrits, hindoustanais et chinois : les *Lusiades* (8490).

POÉSIE DRAMATIQUE. — 1. Grecs et latins. — 2. Français. — 3. Italiens. — 4. Espagnols et portugais. — 5. Allemands (seulement Gœthe et Schiller). — 6. Anglais. — 7. Indiens et Chinois.

Fictions en prose, Apologies et fables en différentes langues : il n'y a que Pilpay et Krummacher.

ROMANS. — 1. — Grecs. 2. Latins. — 3. Français. — 4. Romans, contes et nouvelles. Histoire des romans et collections. Une seule fiche : *Suite du 4e livre de l'Odyssée* [éd. de Télémaque] (8882). — 5. Romans en prose poétique : *Télémaque* et *les Martyrs*! Amédée Renée : *Mme de Montmorency* (8967). — 6. Romans historiques et satiriques : la traduction anglaise de l'*Abélard* de Cousin, par C. W. Wright (8968). — 7. Féeries et voyages imaginaires. — 8. Romans de différents genres : Rabelais, d'Urfé, Le Sage. — 9. Contes et nouvelles. 2 fiches : Despériers et Marguerite de Navarre. — 10. Romans italiens. — 11. Romans espagnols. — 12. Romans allemands. — 13. Romans anglais. — 14. Romans arabes, persans, turcs, indiens et chinois. — 15. Appendice : Facéties et pièces burlesques : *Liber de Amore* de Niphus (9057).

PHILOLOGIE PROPREMENT DITE. — 1. Traités pour ou contre les méthodes (9061). P. Ramus : *De professione liberalium artium* (9062). — 2. Traités de critiques générales, et Dictionnaires philosophiques. Ex. : *Lexicon Taciteum* de Boetticher (9083). — 3. Philologues ou critiques grecs et latins anciens : — 4. Critiques modernes qui ont écrit en latin spécialement pour l'interprétation des classiques anciens (9104). Il y a des dissertations allemandes sur Ménippe (9106), une édition d'Hésychius de Milet; Histoire de Pétrarque et de Laure (9120), une étude sur Fracastor (9130), sur Plutarque (9152), les thèses latines de Lévêque sur Phidias (9229), et de Lenormant sur Aristophane. — 5. Critiques français de littérature : *Ménagiana*, l'ouvrage de Douxménil sur Ninon de Lenclos (9258) ; *De l'Allemagne* par Mme de Staël (9236), les Œuvres de Châteaubriand ; l'ouvrage d'A. Renée, sur les Nièces de Mazarin (9367) ; la thèse de Jacquinet sur les Prédicateurs du XVIIe siècle (9417), et les *Moralistes sous l'Empire romain* de Martha (9424). — 6. Critiques italiens, espagnols, allemands : une étude sur Thucydide (9443) en côtoie une sur Diogène d'Apollonie, sur Shakespeare (9464) et voisine avec une traduction des lettres d'Héloïse et d'Abélard (9465).

ÉPISTOLAIRES. — 1. Épistolaires modernes qui ont écrit en latin : Pétrone (9475), les *Priapeia* (9476), l'Apologie *par* Hérodote d'H. Estienne, le *Dictionnaire des précieuses* de Somaize, *Lettres persanes* (9485). — 2. Gnomiques, sentences, apophtegmes. — 3. Dialogues et entretiens (Fénelon, *Dialogues des morts*, etc.). — 4. Épistolaires latins anciens. — 5. Satires générales et satires personnelles : lettres d'Héloïse et d'Abélard 9542-9545), la *Méthode* de Descartes (9552). — 6. Épistolaires français. — 7. allemands, anglais, etc. : *Lettres portugaises*.

POLYGRAPHES. — 1. Grecs. — 2. Latins : Pétrarque, Ramus, Erasme, Sadolet ; Schweighaeuser. — 3. Français : Scarron, Fléchier, Bossuet, Condillac, Boileau (9802), Saisset. — 4. italiens, allemands, etc.

COLLECTIONS D'OUVRAGES, ET EXTRAITS DE DIFFÉRENTS AUTEURS. RECUEILS DE PIÈCES. — On y trouve : *Anecdota graeca*, *la Correspondance du P. André*, p. p. Charma (9922), des poésies érotiques (9926).

HISTOIRE

1. Prolégomènes historiques : *la Philosophie des Grecs* de Zeller (9959). — 2. Géographie ancienne. — 3. — moderne. — 4. Voyages : *Anacharsis*. — 5. Chronologie. — 6. Histoire Universelle ancienne et moderne. — 7. Histoire des religions

et des superstitions : *a*) Histoire des ordres religieux : Port-Royal. — *b*) — des religions : Jésuites. — *c*) Historiographes : *Crologe* (*sic*) des plus célèbres défenseurs de la vérité (10178) : recueil de pièces relatives au différend entre Innocent XI et Louis XIV (10186); une étude sur Gerbert (10188), Vie d'Alcuin (*Alevin* !) (10197), un Essai sur Gerson (10209), la Vie de la duchesse de Montmorency (10237). — *d*) *Histoire générale des hérésies, des schismes.* — 2. Histoire des religions, 2e partie, religion païenne : les Questions homériques de Porphyre (10257), l'édition de Philostrate par Boissonade (10259).

Histoire ancienne. — 1. Histoire de la Grèce. — 2. Histoire du peuple Romain. Une histoire de Cicéron (10427), l'*Attila* d'Amédée Thierry (10447), etc. — *Histoire moderne a*) généralités *b*) Histoire de France. *aa*) Mœurs et usages, antiquités et monuments : Félibien (la fête de Versailles de 1668) [10470], Théâtre géographique du royaume de France (10471), *Les zouaves et les chasseurs à pied* [10479], H. Heine, *Lutèce* (10482).

ab) Collections de chroniques : *Paléographie* de Wailly, Les *Recherches de la France* de Pasquier, l'abbé Le Bœuf, *Histoire de Paris* (10524), *Mémoires historiques* de Mignet (?).

ac) Histoire de France, du commencement à Louis XIV.

ad) Règne de Louis XIV : Recueil de pièces sur Luynes, l'Histoire de Richer (!) (10989).

ae) Histoire diplomatique, droit public, gouvernement, états généraux, milice, marine, finances.

af) Histoire particulière des villes de France.

c) Histoire de Belgique.

d) Histoire d'Italie : Thiersch, *De l'État actuel de la Grèce* (11209).

e) Histoire d'Espagne.

f) Histoire de Russie et de Pologne.

g) Histoire de la Grande Bretagne.

h) Histoire de l'Afrique et de l'Amérique [avec des ouvrages sur l'Orient, la Chine et les Arabes].

Archéologie.

Prolégomènes historiques : Histoire de la chevalerie et de la noblesse, 2 fiches : P. Anselme, et une *Chronologie des barons de Mello* (11349). *De cosmographica disciplina et signorum cœlestium vera configuratione, ex museo J. Balesdens* (11373).

Histoire littéraire.

1. Histoire de la littérature chez les anciens et au moyen-âge. Ex. : Beugnot, les Juifs d'Occident (11400). — 2. Histoire littéraire moderne : *a*) Fance. — *b*) étranger. — *c*) histoire des sciences et des arts. Histoire de l'Académie française de Pellisson (11434), d'Olivet, les *Éloges* de Fontenelle, etc. — *d*) Histoire des Universités. — *e*) Mémoires des académies, journaux, *Lettres inédites de Mme de Longueville*, p. p. V. Cousin probablement parce qu'elles ont paru dans le *Journal des Savants* (11574) ; les *Carnets de Mazarin*.

Bibliographie générale.

1) ancienne. — 2) moderne. — 3) Vie et éloges des artistes célèbres.

Bibliographie. — 1. Traités généraux sur les livres : Brunet, P. Lelong, Willems. — 2. Bibliographes généraux. — 3. Catalogues des Bibliothèques publiques. — 4. Bibliographes spéciaux. — 5. Monographies bibliographiques. — 6. Mélanges et extraits historiques.

Il n'est pas nécessaire après cet exposé d'insister sur les inconvénients de ce catalogue méthodique.

Le cadre de classement est absurde. Celui qui l'a dressé s'est inspiré confusément des grandes lignes du système de Brunet, mais mal compris. Il a laissé des subdivisions inutiles pour une bibliothèque aussi restreinte (certaines n'ont qu'un ouvrage ou deux).

La numérotation des fiches, admissible à la rigueur pour une bibliothèque *morte*, destinée à ne plus s'accroître, est impraticable dans une bibliothèque qui s'accroît chaque jour, car elle empêche l'intercalation des nouvelles fiches, et elle est complètement inutile. — Il est à noter que le même système a été employé pour les fiches du catalogue alphabétique par noms d'auteurs.

Voilà pour le principe.

Il s'est trouvé que l'application a été confiée à des personnes peu versées dans ce genre de travail; bien entendu, comme on a pu le voir, les ouvrages ont été classés dans un désordre inimaginable sous des rubriques auxquelles ils n'appartiennent pas, mais beaucoup sont tellement défigurés par les copistes qu'il faut un grand effort pour les deviner. Les noms d'éditeurs, de libraires, de lieux mêmes, ont été facilement transformés en noms d'auteurs, dès que le titre était en langue étrangère, et même, dans quelques cas, en français !

En résumé, le cadre est très défectueux; il est trop compliqué et très confus; les fiches sont mal rédigées, et encore plus mal classées. Dans ces conditions un pareil catalogue ne peut être d'aucune utilité; il serait entièrement à refaire, car un travail de révision dans l'état actuel serait certainement plus long que la réfection complète.

2. Les manuscrits.

Pour les mss., le mal était beaucoup plus grand encore. L'inventaire qui en avait été fait était nul : ni complet, ni exact. Cette partie de la Bibliothèque était, malgré les apparences, dans le plus grand désordre. Ils ont été de ma part, l'objet, le 3 octobre 1900, d'un premier rapport dont voici les parties essentielles :

Les manuscrits de la Bibliothèque V. Cousin peuvent se diviser en trois sections :

1° Autographes antérieurs au XIXe siècle.

2° Mss. de Cousin et lettres à lui adressées.

3° Papiers légués par M. B. S. Hilaire.

A. — Autographes.

La première section est ainsi composée :

a) Autographes d'hommes (2 cartons in-fol.) et de femmes célèbres (2 autres cartons).

b) Manuscrit autographe de Paul et Virginie.

a) *Les autographes.*

Ils sont tous collés chacun sur des feuillets de papier blanc, réunis, pour un même personnage, par un cartonnage bleu. Ce procédé de conservation est assez coûteux, car il nécessite, souvent *pour un seul autographe*, un travail de cartonnage délicat.

Beaucoup des lettres de ces dossiers sont déjà connues.

Voici ce que nous avons pu trouver dans une première recherche. Les nombreuses lettres de Bossuet à son neveu sur le quiétisme ont été publiées par Lachat dans son édition des Œuvres complètes de Bossuet (t. XXIX et XXX); celle de Rousseau à M. Perdriau, du 28 novembre 1754, est imprimée dans l'édition Dalibon, t. XX [Correspondance, I], 229-37; celle de Voltaire à Lalande, du 19 décembre 1774, dans l'éd. Beuchot, LXIX, 143-5, n° 6818.

V. Cousin, du reste, communiquait ses documents assez libéralement. Ainsi les lettres de Buffon à l'abbé Le Blanc qu'il possédait furent communiquées par lui, et publiées par M. H. Nadault de Buffon[1]. Lui-même avait publié dans la 3e édition de *Mme de Longueville* un billet de Larochefoucauld du 7 décembre 1648[2].

1. *Correspondance inédite de Buffon, à laquelle ont été réunies les lettres publiées jusqu'à ce jour* (Paris, Hachette, 1860, 2 vol. 8°), I, 24-26 [22 février 1738], et 63 [23 nov. 1753].

2. Republié depuis dans l'éd. des Grands écrivains, 1881, III, 31.

Depuis la mort de Cousin, quelques éditeurs ont consulté ces dossiers. M. Maurice Tourneux a publié dans son édition de Diderot 3 lettres de cet auteur : un billet à Séb. Mercier (XX, 83), une lettre au chevalier de Jaucourt, du 20 septembre 1751 (XIX, 423) et une très belle lettre à Voltaire du 29 sept. 1762 (XIX, 463-5) ; l'abbé Blampignon y a trouvé une *lettre inédite* de Massillon[1] à Colbert de Croissy, du 2 juin 1698. Enfin toutes les lettres de Descartes[2] sont publiées dans l'édition Adam et Tannery.

Il est très possible que d'autres lettres soient aussi imprimées, mais nos recherches n'ont porté jusqu'à présent que sur ces auteurs. Une collation n'en serait cependant pas moins nécessaire. C'est ainsi que la lettre de Bussy-Rabutin du 3 juin n'a été publiée que d'une manière très incomplète dans l'éd. d'Amsterdam (III, 71).

Ce dossier est au moins incomplet de 2 lettres qui sont classées avec la correspondance de Cousin : l'une du P. Bouhours, l'autre de Grétry[3].

Une mention spéciale doit être réservée au dossier de Mme de Sévigné. Outre quelques billets d'elle à Ménage, et un morceau d'étoffe provenant de l'une de ses robes, V. Cousin y a joint des lettres de Mme de Grignan, 6 lettres de M. de Grignan, 4 lettres de Mme de Simiane, etc.

Le carton des femmes célèbres est incomplet au moins d'une lettre de Mme de Longueville, du 28 mars 1652, à M. de Chavigny[4].

b) *Ms. de Bernardin de S. Pierre.*

Le ms. de Paul et Virginie [coté 10087] provient[5] de la Bibl.

1. *L'Épiscopat de Massillon, d'après des documents inédits, suivi de sa correspondance*, Paris Plon, 1884, in-18, p. 231-5.
2. Qui proviennent des recueils de l'Institut.
3. Publiée dans l'*Amateur d'Autographes*, 1900, p. 134.
4. Provenant de la collection Chambry.
5. M. Maurice Souriau, qui a consacré un volume à *Bernardin de St Pierre d'après ses manuscrits* (Paris, Lecène et Oudin, 1905, 12°), en a ignoré l'existence (p. 123), pourtant signalée, dès 1900, dans l'*Amateur d'autographes*, p. 231.

de Renouard, qui l'avait acquis de L. Aimé Martin, ainsi qu'en fait foi la lettre suivante reliée avec le ms. (fol. 3).

« Monsieur,

« J'ai reçu votre lettre à la campagne, et je regrette beaucoup de ne m'être pas trouvé à Paris lorsque vous vous êtes donné la peine de passer chez moi.

« Je désire que vous fassiez estimer le ms. de Paul et Virginie. Vous pouvez faire faire cette estimation secrètement, si vous ne craignez qu'elle ne nuise à vos intérêts. Car tout est caprice dans la valeur des autographes. Je vous promets même de ne faire aucun usage public de cette estimation, si vous pensez que la publicité puisse entraver la vente de cet objet. En un mot, Monsieur, je ferai à cet égard tout ce qui pourra vous être agréable.

« Je pense qu'une estimation faite entre vous et messieurs de Bure serait suffisante.

« J'ai l'honneur d'être, Monsieur,
Votre très humble serviteur
L. Aimé Martin.

« Le 12 août, vendredi 1825. »
« *A Monsieur,*
« *Monsieur Renouard, libraire,*
dans son hôtel, rue de Tournon,
Paris. »

Lorsque l'accord fut fait, Renouard écrivit cette note (fol. 4 v°) : « Ce manuscrit de Paul et Virginie est de la main de Bernardin de S. Pierre. En 1825 je l'ai acheté de M. Aimé Martin qui avait épousé sa veuve. C'était un cahier fort en désordre, je l'ai fait arranger entre des feuillets de papier blanc et relier avec quelque soin pour le préserver d'une destruction à laquelle il aurait été exposé s'il fût resté un cahier de mauvaise apparence.

« A. A. R. »

Il ne sera pas inutile de reproduire la description du manuscrit telle qu'elle a été faite dans le catalogue Renouard[1].

« N° 2036. — Paul et Virginie, 45 feuillets in-fol. interfoliés de papier blanc, rel. en cuir de Russie, avec étui.

« Ms. qui est le premier travail de l'auteur, avec de nombreuses corrections et ratures, le tout, sans exception de sa main. L'authenticité de l'Ecriture est garantie par une déclaration du mari de sa veuve, et, j'oserai le dire par mon assurance personnelle, et surabondamment par une lettre de l'auteur à sa première femme, annexée au volume. »

Cette lettre *ne se retrouve plus dans le ms.*, mais par contre on y trouve, outre un portrait de Bernardin de S. Pierre (fol. 1) un titre imprimé, sans aucun rapport avec lui : *Atala, Indian Cottage, Idyls, and First navigator*. Ld. published by Walker and Edwards, 1817 qui pourrait bien avoir été mis là (fol. 2) à la place de la lettre absente.

Ce ms. est d'autant plus important qu'il présente de très grandes variantes avec les éditions de l'ouvrage, comme nous avons pu nous en rendre compte par la collation.

B. — Papiers de V. Cousin.

Les papiers de Cousin (manuscrits et correspondance) sont contenus dans 29 cartons portant les n°s 1 à 116, savoir :

Ms. divers, cartons	1 à 99 =	18	29
Lettres.	100 à 114 =	9	
Documents sur la Révolution	115 à 116 =	2	

Voici l'état sommaire par cartons des mss. divers, avec l'incohérence et le manque d'harmonie et de méthode qui signalaient ce classement :

Carton I (1-26). — Lettres anonymes ou avec signatures illi-

1. *Catalogue d'une précieuse collection de livres, mss., autographes, dessins et gravures, composant la bibl. de feu M. Antoine-Augustin Renouard, dont la vente aura lieu le lundi 20 novembre...* (Paris, Potier, 1854, 8° de xxxiv-424 p.), p. 202.

sibles. Traité de philosophie religieuse anonyme. Cahiers pour définir et déduire l'idée et le principe de la causalité. Leçons de philosophie sur Kant; petits traités de Reinhold, Schelling et Jacobi, notes sur la philosophie allemande. Cours de Cousin 1819-1820 et 1829. Note sur le château de Meillant.

C. II (27-31). — Lettres de Hegel et de Schelling. — Correspondance du Cardinal Mazarin de 1631-1635.

C. III (32-37). — Copies de lettres de Lamont, pour une nouvelle édition de Mme de Chevreuse; copies de lettres de Mme de Montespan, La Vallière, etc., prises à la Bibl. du Louvre dans les papiers de Noailles; extraits sur la Fronde, sur le P. Joseph; correspondance de Mazarin (1643 45), documents des archives de Turin[1]; extraits des registres du Parlement (1599), notes sur la reine Christine; lettres d'Anne de Gonzague; chansons historiques (Bibl. de l'Arsenal). — Notes sur la philosophie grecque avant Socrate. — Lettre autographe de Mme de Longueville. — Fac-simile du testament de Coligny; lettres de M. Chiala et de M. Passy.

C. IV (38-44). — Notes sur la philosophie grecque, sur le P. André, sur Albert le Grand, sur Proclus, et sur Abélard. Lettres diverses.

C. V (45-48). — Traduction de Platon, corrections. Extraits de Loret. Cours de 1817-1820. Éclaircissements sur les leçons de 1816, 1820 et 1828. — Notes et documents sur Mme de Hautefort; lettre de M. de Flavigny à Cousin.

C. VI (49-52). — Mémoires de philosophie allemande; notes de Cousin sur la vente d'autographes Tarbé. Extraits des archives des Affaires Étrangères, des papiers de Lenet; notes sur Mme de Longueville; lettres autographes du Père d'Hauterive (1735); lettres de Faugère, de Monmerqué, Marc. — Lettres autographes du P. Guerrier. Testament de M. Davollée (1738). Lettre de M. de la Fare à Cousin.

C. VII (53-58). — Extraits des Philosophes modernes. —

1. Copiés en 1856 par M. Sclopis, à la recommandation de M. de Santa Rosa.

Notes sur Abélard, sur Platon. — Notes et documents sur Maine de Biran, et lettres autographes de lui à Ampère. — Notes sur la Fronde. — *Pièces originales sur Madame de Longueville*[1]. — Lettres de l'abbé Sibour. Fragment d'une lettre de Mérimée (Documents Espagnols).

C. VIII (59-61). — Copies de lettres de Bossuet communiquées par les Carmélites. — Extraits des Archives des Affaires Étrangères. — Notes sur Mme de Longueville. — Correspondance de Mazarin. — Documents sur le Ministère de Cousin. — Lettres de Mickiewicz à Cousin et lettres diverses.

C. IX (62-65). — Extraits des Archives des Affaires Étrangères. Documents relatifs à Mme de Longueville; correspondance de Mazarin. Notes sur la Fronde. — Extraits des mss. de Conrart. Notes sur les Bibliothèques italiennes. Notes de Cousin sur Henri IV. Lettre de Le Roy à Cousin.

C. X (66-69). — Carnets de Mazarin 1645 à 1648. Lettres de Mazarin (1631). Extraits du portefeuille de Valant.

C. XI (70-75). — Captivité en Allemagne. — Notes de voyage. — Philosophie : Vanini. Notes sur Descartes, Leibniz. Lettre de Grotefend à Cousin.

C. XII (76-80). — Documents sur le Cardinal de Retz, sur Mme de Chevreuse, sur la Fronde, sur Mazarin. Extraits des Archives des Affaires Étrangères. Lettres de Mazarin. Notes de Cousin sur les Carmélites. Lettres de Chantelauze à Cousin.

C. XIII (81-86). — Affaires de l'Index : Minutes de lettres de Cousin au Pape, lettres à Cousin de Mgr Sibour, Morlot, du Père Félix, d'Ozanam, de Mgr Maret. Notes sur Mazarin, Mme de Longueville, Malebranche. Lettres de l'abbé Sibour et du duc Massimo à Cousin. Correspondance de Mazarin (1635-1641).

C. XIV (87-89). — Histoire des religions de Hegel. — Carnets de Mazarin. — Lettres diverses.

C. XV (90-92). — Ministère de Cousin.— Documents sur l'Instruction publique en Suisse. — Extraits des Archives espagnoles.

1. *Ces pièces n'ont pas été retrouvées.*

— Lettres de Santa-Rosa, Dareste, à Cousin. — Notes sur Mme de Chevreuse et sur Mme de Longueville.

C. XVI (93-94). — Notes de B. S. Hilaire pour son ouvrage sur Cousin. — Notes de voyage de Cousin. — Notes sur l'Instruction publique en Allemagne.

C. XVII (95-96). — Philosophie. — Lettres diverses.

C. XVIII (97-99). — Diplômes de Cousin. — Notes sur Santa-Rosa. — Documents sur l'arrestation de Cousin en Allemagne. — Traités avec les libraires. — Correspondance de Mazarin. — Lettres de Mme Austin.

Le tableau très sommaire suivant fera saisir l'invraisemblable dispersion des papiers sur le même sujet.

Papiers personnels : Diplômes divers, cartons (93-94 et 97-98) ; notes de voyage, cartons 70-75 et 93-94 ; captivité en Allemagne 70-75 et 98 ; Ministère 59-61 et 90-92; Documents divers sur ses funérailles (112-114) = six cartons différents.

Cours de Cousin : cartons 1-26, 45-48, 95-96.

Philosophie : Abélard, cartons 38-44 et 53-58 ; Platon, 45-48 et 53-58, Extraits des philosophes, 53-58 et 70-75; Philosophie allemande 1-26, 49-52 et 87-89.

Documents extraits de Mss. : Cartons 32-37, 45-48, 62-65, 66-9, 70-75, 76-80, 90-92. — Les extraits des Archives des Affaires Étrangères, notamment, sont répartis dans deux cartons, 62-65 et 76-80.

Notes sur les femmes célèbres : Mme de Chevreuse, cartons 33-37, 76-80, 90-92; Mme de Longueville, 49-52, 59-61, 62-65, 81-86, 90-92.

Correspondance de Mazarin : cartons 27-31 (corresp. de 1631-35), 32-37 (corresp. de 1643-45), 66-65 et 66-69 (corresp. de 1631), 76-80, 81-86 et 97-99 (corresp. de 1635-1642).

Carnets de Mazarin : Cartons 66-69 et 87-89.

En parcourant l'inventaire sommaire de ces cartons, la très grande défectuosité de ce classement saute immédiatement aux yeux.

On trouve dans un même carton des lettres de Hegel et de

Schelling, mélangées à une partie de la correspondance de Mazarin (cart. 27-31), des notes sur Mme de Hautefort et des extraits de Loret avec des leçons de philosophie (cart. 45-48), ou des mémoires de philosophie allemande dans un carton (45-48) consacré presque en entier à Richelieu et à Mme de Longueville ; les carnets de Mazarin sont dans deux cartons différents (66-69 et 87-89), ainsi que le dossier de l'arrestation de Cousin en Allemagne, dont toute une partie se trouve, avec des notes de philosophie, entre un dossier sur Descartes et un autre sur Leibniz (70-75), et dont l'autre partie est au milieu de notes sur Santa-Rosa (carton 97-98) et de convocations de la Chambre des Pairs.

Nous reviendrons tout à l'heure, en parlant de la Correspondance, sur les lettres adressées à Cousin qui se trouvent dans les cartons 27-31 (Hegel et Schelling), 1-26 (lettres soi-disant anonymes ou de signature illisible), 38-44, 49-52, 59-71, 81-86, 87-89, 90-92, 97-99; mais nous devons indiquer que, si ces pièces ne sont pas à leur place dans ces cartons, il en est de même de lettres adressées à B. S. Hilaire (Lenglier, carton 93-94 ; Cousin, 97-99); on y trouve jusqu'à une brochure du comte Sclopis sur Mazarin (carton 76-80).

Il faut signaler pour mémoire, dans le carton 53-58, un fragment d'une lettre de Mérimée dont le début se trouve dans la correspondance.

Le classement semble donc à refaire...

Correspondance. — La Correspondance très volumineuse adressée à Victor Cousin, complètement ignorée, malgré l'ouvrage de M. Barthélemy Saint-Hilaire[1], et *très importante*, aussi bien pour l'histoire que pour la littérature, est renfermée dans

1. Barthélemy S. Hilaire, *M. Victor Cousin, sa vie et sa correspondance.* Paris, Hachette, 1895, 3 vol. 8°. Il a laissé de côté, *sans même les mentionner*, les lettres les plus importantes. C'est ainsi qu'il ne cite pas une seule lettre de Mérimée, alors qu'il y en a près de 60, publiées, depuis, dans un volume de lettres inédites de Mérimée (1900), tiré à 42 ex. — On prépare en ce moment un ouvrage sur les *Correspondants de V. Cousin*, destiné à compléter — et à corriger — celui de M. Barthélemy Saint-Hilaire.

neuf cartons, inventoriés alphabétiquement dans un fort registre, de la manière suivante :

19 septembre	1844.	Carton 102	
7 mai	1845.	—	etc.

Malheureusement ces cartons ne contiennent pas *toute* la Correspondance, ainsi qu'on l'a vu plus haut, et ils ne renferment pas seulement des lettres. Ce carton 112-114, par exemple, contient des renseignements sur l'inhumation de Cousin et sur son caveau, des articles nécrologiques, une brochure du comte Sclopis, *Notizie intorno alla vita ed egli studi di Vittorio Cousin* (Turin, 1867, 8°, 45 p.), des photographies de Cousin, des lettres de Mérimée à Barthélemy Saint-Hilaire, etc.

Le classement (révisé —, et comment ! — par Leleu) en avait été fait par Galeni, le sous-bibliothécaire, qui, en principe, mettait chaque correspondance dans une chemise spéciale portant les noms et qualités de son auteur, et la date des lettres, ainsi que leur nombre. Mais cette dernière indication, malgré le visa de M. Barthélemy Saint-Hilaire, est la plupart du temps, erronée, soit en plus, soit en moins. Les lettres ne se trouvent pas toujours dans le carton qu'elles devraient occuper : une lettre de Viguier se trouve dans le dossier Frémyn, une de Mérimée dans celui de Barthélemy Saint-Hilaire, tout simplement parce qu'elles étaient parvenues à Cousin par ces intermédiaires ! De plus, M. Galeni, malgré sa bonne volonté, déchiffrait les noms difficilement, et les a parfois étrangement défigurés.

Prenons quelques exemples dans le carton coté 102-103. Sur le dossier d'Hervilly, nous voyons indiquées de nombreuses lettres de Cousin. Ces lettres n'y sont plus. — Notons en passant que ce dossier devrait être déplacé et reporté au carton 103-104 (lettre H alors qu'il est placé à la lettre D), ainsi que les lettres de Mme Begouen et de Mme de Bernetz qui y sont jointes, et dont la place est dans le carton 101. — Galeni semble avoir ignoré les langues étrangères, car il met la lettre d'un moine du Mont Cassin (dom Simplicio) au mot *Casin* (*sic*); une lettre de l'abbé

Semenza se trouve dans ce carton 102 parce qu'elle a été envoyée par M. de Challaye, enfin le dossier de Sir James Mac Cosh est placé à la lettre C.

Dans tous les cartons, il y a ainsi des correspondances mal classées. Une lettre du Dr Véron se trouve dans les W, avec une lettre de Pillans, et une de (W.) Adam, qui devrait être avec les A, dans le carton 100 *bis*.

Les lettres des cartons 100-112 sont inventoriées : celles des cartons 1-99 et 112-114 *ne le sont pas*, et, chose plus grave, elles sont rangées pêle-mêle, ficelées ensemble en désordre, alors qu'elles compléteraient les dossiers de la Correspondance. — Remarque à faire : sauf de rares exceptions toutes ces lettres, que l'on peut qualifier de *hors dossiers*, sont postérieures à 1860, ce qui n'empêche pas, du reste, que beaucoup de lettres *postérieures à cette date* se trouvent dans quelques-uns des dossiers. C'est ainsi que des lettres de la marquise de Forbin d'Oppède, antérieures et postérieures à 1860, se trouvent (à leur place) dans le carton 103-104, mais qu'il y en a aussi des mêmes époques dans les cartons 87-89 et 95-96.

Voici l'indication très sommaire des lettres hors dossiers (cartons 1-99), qui devront être réunies à la Corrrespondance :

1-26. — *Lettres anonymes.* — Quelques-unes pouvaient être identifiées facilement par leur écriture. Ainsi, une lettre de Vapereau, un billet de Sainte-Beuve pour recommander le Dr Paulin, une lettre du comte d'Haussonville, datée de Gurcy, une autre du même, non datée, signée *d'H.*, etc. — L'identification peut être aussi faite à l'aide du nom de terre. Ex. : une lettre classée à l'A parce qu'elle est signée *Albert*, devrait être à l'S. Elle est, en effet d'Albert Stapfer, et datée de Talcy.

Signatures illisibles. — Elles l'étaient pour Galeni et Leleu, mais peuvent être lues. Ex. : abbé Perreyve, Sinner, Ph. de Chennevières; de plus, beaucoup sont signées *très lisiblement*, mais dans le corps de la lettre; marquise de Villeneuve-Avifat, Wachsmuth, comte de Streckeisen-Moultou, etc. — M. Barthélemy-Saint-Hilaire qui a publié[1] une de ces lettres à signature pseudo-illisible, celle de Planche, ne l'a cependant pas retirée de ce dossier !!

27-31. — Lettres de Hegel et Schelling.

32-37. — Lettre de M. Passy, envoyant un dessin du château de Trie, 19 juillet 1860 ; — de Louis Chiala, 20 août 1858.

38-44. — Lettres, relatives à Abélard, de Bering, Peisse, Renan, Thomas Wright, Ravaisson, etc, et à Proclus (Maine de Biran).

45-48. — Lettre de M. de Flavigny relative à Mme de Hautefort.

49-52. — Lettres relatives à Pascal de Faugère, La Fare, Pichot, Monmerqué, etc.

53-58. — Lettre de Maine de Biran à Ampère. — Lettrès de l'abbé Sibour.

59-61. — Une centaine de lettres divers relatives aux femmes célèbres.

62-65. — Lettre de Le Roy, bibl. de Versailles, 1853, et lettre de décès de Scribe.

70-75. — Lettre de Grotefend, 19 octobre 1853.

81-86. — Lettres relatives à l'Index : Cousin au Pape ; Archevêque de Paris, Ozanam, etc.

87-89. — Lettres diverses. Deux cents environ.

90-92. — Lettres de Santa Rosa, du bibliothécaire d'Épinal, de Dareste.

95-96. — Lettres diverses : 2 à 300 environ.

97-99. — Lettres de Pie IX, de Mme Austin, de Cuvier, etc.

Papiers légués par M. B. Saint-Hilaire. — Ils sont répartis en deux cartons non numérotés :

1° Quelques papiers relatifs à M. Thiers lorsque B. S. H. était secrétaire général de la présidence.

2° *Lettres dressées à Barthélemy Saint-Hilaire.* — ELLES N'Y SONT PAS TOUTES. C'est ainsi qu'on ne trouve qu'une seule lettre auto-

1. *Op. cit.*, III, 435.

graphe de M. Thiers, et une autre en copie. Que sont devenues les autres??

Le classement serait à refaire, beaucoup de noms ayant été défigurés, les signatures n'ayant pas été déchiffrées.

On trouve trois lettres de Cousin à Barthélemy Saint-Hilaire dans le carton 97-99 et trois de Mérimée au même, dans le carton 112-114, ainsi que d'autres lettres (Thouron, Vve Morin, etc.) dans le même carton.

Résidu.

On a trouvé dans une armoire de la bibliothèque quelques liasses de papiers en désordre. Ils se trouvaient sous une pile d'ouvrages que M. Barthélemy Saint-Hilaire jugeait inutiles, et qui n'avaient pas été catalogués.

Archives de la Bibliothèque.

Les archives de la Bibliothèque Cousin sont, pour ainsi dire, nulles. Le dossier du Personnel contient trois pièces seulement (nominations de garçons), la comptabilité et la correspondance administrative pour les années 1869 à 1877 ont complètement disparu, à moins de considérer comme registre de comptabilité un petit cahier de notes de dépenses, commencé le 18 février 1867, et terminé en mai 1877.

3. Les imprimés.

La collection laissée par Cousin n'avait été augmentée que par le legs de livres de Saint-Hilaire et les acquisitions de M. Janet. Un certain nombre de volumes d'histoire ou de littérature, provenant de M. Saint-Hilaire, ont été mis en dépôt, par M. Janet, à la Bibliothèque de l'Université, le 12 janvier 1897.

Le classement est défectueux. On a employé une numérotation *continue par volume*, et sans distinction de format. Le n° 1, par exemple est un in-12°, et le n° 2 un folio; de plus, les volumes d'un même ouvrage étaient souvent séparés, et loin l'un de l'autre. Il y a bien des ouvrages incomplets. Ainsi, de l'édition de Dugald Stewart par Hamilton, on n'avait que le tome X seul; de Schopenhauer, les tomes IV et V seuls. Il manque les tomes VII et VIII à l'exemplaire (*sur grand papier*) de Raymond Lulle de Satzinger, et les tomes 30, 32, 33, etc. aux *Sacred Books of the East.* En principe, on s'est rarement occupé de continuer les suites. On a souvent des tomes I d'ouvrages, presque jamais les suivants.

Dans un coin, il y avait un assez grand nombre d'ouvrages, dignes de figurer dans la Bibliothèque, qui, depuis 1867, étaient empilés comme résidus, et n'avaient jamais été examinés. Ce sont pour la plupart des ouvrages allemands dans leur brochure originale, vieux et peu séduisants, qu'on aura pris pour des bouquins (il y avait des éditions originales de Kant), ou des thèses de philosophie devenues rares.

On le voit, il y avait tout à faire à la bibliothèque V. Cousin. En 1900, la situation était donc celle-ci : manuscrits et imprimés dans le plus grand désordre, catalogues inutilisables, comptabilité nulle.

III

ADMINISTRATION DE M. DE CHANTEPIE

1900-1903

M. de Chantepie se mit résolument à la tâche, et suivit un plan nettement déterminé.

« J'ai l'intention, *écrivait-il dans un de ses premiers rapports,* de considérer comme fixée dans son état présent la partie non philosophique de la Bibliothèque (éditions originales des classiques français, raretés diverses, françaises et étrangères, spécialité XVIIe siècle), et de consacrer, sauf exception motivée, toutes les ressources à constituer une bibliothèque philosophique qui peut être presque complète ». Et dans cette intention, il dressa une liste des lacunes pour le passé. « Les fonds disponibles permettront facilement de les combler avec le temps, et les revenus annuels dépassent le court total de la production exclusivement philosophique dans les pays où l'on philosophe. J'espère pouvoir constituer ainsi une collection que sa spécialité permettra de faire presque complète, et je crois être ainsi dans les idées et les intentions du donateur ». Et il augmentait les fonds d'acquisition par l'entier abandon de son traitement.

Le nouveau bibliothécaire commença par faire lui-même les fiches de tous les volumes du fonds Barthélemy Saint-Hilaire, du fonds Janet, et des nouvelles acquisitions, puis il s'occupa de la reliure, et de la réorganisation de la bibliothèque. Les vérifications m'étaient confiées, ainsi que le soin de retirer des rayons où ils se trouvaient mélangés, les manuscrits, les incunables et les ouvrages précieux. J'étais chargé en outre du catalogue des manuscrits., que M. de Chantepie et moi supposions devoir être rapide; quand nous eûmes trouvé les papiers mis au rebut, nous vîmes que c'était tout un classement à faire, travail long et délicat.

Le 31 juillet 1901 je remettais un rapport très détaillé sur les mss. Je crois nécessaire d'en reproduire les parties les plus importantes :

Rapport
sur les Manuscrits de la Bibliothèque Victor Cousin.

Lorsque Victor Cousin mourut, en janvier 1867, il laissait de nombreux mss., tant autographes ou copies, que papiers personnels et Correspondance à lui adressée. La plupart n'étaient pas reliés ; mais chaque dossier portait de la main de Cousin l'indication du contenu.

M. Barthélemy Saint-Hilaire, chargé d'organiser la nouvelle bibliothèque, s'adjoignit le valet de chambre de Cousin, Morin, puis en 1868, un sieur Galeni, garçon à l'Institut. Il s'en rapporta à eux du soin de classer les manuscrits, et ce classement subsista jusqu'à la mort de M. Janet, successeur de M. Barthélemy Saint-Hilaire.

Voici sommairement comment Morin et Galeni avaient procédé :

1. Ancien classement.

Les mss. reliés ou cartonnés avaient été mis sur les rayons au milieu des volumes imprimés, et traités comme tels, c'est-à-dire timbrés d'un gros timbre portant : *Bibliothèque de M. Cousin*, et numérotés dans la série continue de l'inventaire des livres. — Ils ne furent pas foliotés, et dans le catalogue méthodique ne figurent pas tous à la rubrique : Manuscrits.

Il y avait quarante manuscrits. dans ce cas.

Citons pour mémoire deux autres manuscrits., qui ne se retrouvent pas aujourd'hui :

10130. — *La Métromanie ou le poète*, avec des corrections mss. par Piron, 1738, 8°. « Cet ouvrage inventorié par erreur appartenant à la famille Lefort. Avec l'autorisation de M. le Ministre de l'instruction publique en date de 1er mai 1882 on l'a restitué à la famille. Voyez pour la justification les archives de la Bibliothèque. « R. Galleni. »

Les archives de la bibliothèque possèdent seulement l'autorisation du ministre, *sans autre renseignement.*

14078. — Recueil. Dans ce volume composé d'une soixantaine de pièces, la plupart étaient imprimées. Il a été égaré vers 1896 [par M. Gréard?], et l'on a dû pour donner l'indication des fragments mss. qui s'y trouvaient, se servir d'un dépouillement très incomplet fait jadis sur cartes par les garçons de la Bibliothèque.

1 [n° 19]. — Lettres et procédures du procureur général pour obliger l'évesque d'Agen, Joly, à retourner dans son diocèse. 1677.

2 [n° 23]. — Deux brefs du pape Clément IX aux évêques de France, les engageant à extirper de leurs diocèses les mauvaises doctrines (1669).

3 [n° 24]. — Lettre d'Innocent XI à Nicolas, évêque d'Alais, 1671.

4 [n° 27]. — Jugement équitable sur les contestations présentes pour éviter les jugements téméraires et criminels tirés de saint Augustin.

5 [n° 52]. — Lettre de M. Arnauld à M. Robert Southwell, protestant, 26 février 1685.

6 [n° 57]. — Procès-verbal des séances de l'assemblée du clergé de France.

7 [n° 60]. — De la lecture de l'Écriture Sainte contre les paradoxes extravagans et impies de M. Mallet, Dr de Sorbonne. 1860.

8 [N° 64]. — Arrêt extrait des registres du Conseil d'État concernant le livre janséniste le Miroir de la piété chrétienne. 1678.

9 [N° 65]. — Epître (en latin) du clergé de France à Innocent X, suivi du procès-verbal des assemblées du clergé en 1645.

Soit neuf pièces manuscrites.

Il est à noter, d'ailleurs, que ce volume a été prêté, est sorti de la Bibliothèque, sans qu'aucune fiche de déplacement, une lettre, ou une note quelconque l'ait constaté.

2. Les autographes.

Les autographes étaient divisés en trois séries :

1° Hommes célèbres du XVIIe siècle;

2° Femmes;

3° Philosophes.

Une note de l'inventaire constate qu'au 1er juin 1878, il y avait 208 autographes d'hommes et 92 de femmes, soit 300 pièces.

(Il n'y a aucun renseignement sur les philosophes.)

a) *Hommes illustres.*

3 cartons : 1002 = 91 pièces
1006 = 52 »
1007 = 85 »
soit 228 pièces

auxquelles il faudrait ajouter une lettre du P. Bouhours à Mme de Sablé (octobre 1667) et une lettre de Grétry [1] classées dans les lettres adressées à Cousin, [plus 7 lettres du R. P. d'Hauterive (1734-1735), 2 du P. Guerrier, 1 d'un docteur de Sorbonne, Hercule Davollée] [2], une de Montesquieu [*suspecte*] [3], une autre [en copie] de Naudé (1626) qui se trouvait dans le volume (9546); plus, enfin, sept lettres de Bayle, du P. Lelong, de Huet, Perrault [4] et Saint-Genest qui étaient avec les autographes des philosophes (carton 1003), ce qui donne un total de 249 pièces [5].

Voici un aperçu sommaire du contenu de ces trois cartons qui montre le désordre qui présidait à tous les classements de cette malheureuse bibliothèque :

D'Avaux (1002), d'Aguesseau (1007), d'Alembert (1007), duc d'Albret (1002), d'Achery (1006), Baluze (1006), Barbot (1007), Bérulle (1006), Bossuet [6] (1007) [6], Bussy (1006 [6], Chapelain (1006), Colbert [7] (1007), Condé (1002), Dangeau (1006), Diderot (1007), Fouquet (1002), Fénelon (1006), Guillaume d'Orange (1002), Gourville (1006), Jaucourt (1007), de La Rochefoucauld (1006), La Fontaine (1006), Lionne (1002), Luynes (1002),

1. Publ. : *Amateur d'autographes*, mai 1900.

2. Les documents indiqués [ ] ont, après mûre réflexion, été ajoutés au manuscrit consacré à Pascal et au jansénisme, qui était leur vraie place.

3. Cf. lettre de M. Chambry (*Corresp.*).

4. Publ. par M. P. Bonnefon, dans la *Revue d'Histoire littér. de la France.*

5. 239, en tenant compte de la note 2 ci-dessus. Il existe une lettre autographe de Lenet dans un exemplaire de *ses Mémoires* (n° 8053), et une quittance autographe d'Amyot en tête de sa traduction de Plutarque (*à la Réserve*).

6. Ces lettres publiées par Lachat (cf. ci-dessus, p. 24) sont indiquées par M. H. N. Bourseaud, dans son *Histoire et description* des mss. et éditions originales de Bossuet, 2e éd., Paris, 1897, 8°, XXII, elles ont été collationnées l'an dernier par M. l'abbé Lévesque (*Revue Bossuet*).

7. Sur la minute du discours de réception de l'abbé Colbert, voy. *Éd. des Grands écrivains*, IV, 350. M. Mesnard doute de son authenticité.

Louis XIII (1002), Philippe d'Orléans (1002), Pelisson (1006), Retz (1002), Richelieu (1002), Racine (1006) [7], Rousseau (1007), Ranée (1007), Servien (1002), Saint-Evremont (1006), Saint-Simon (1006), Turenne[1] (1002), Turgot (1007), Villars (1002), Vauvenargues (1007), Voltaire (1007).

b) *Femmes célèbres.*

2 cartons : 1004 = 33 lettres,
1005 = 54 id.
soit 87 pièces

auxquelles il faudrait ajouter deux lettres de Mme de Longueville trouvées : l'une à la R. M. Agnès de Saint-Paul, du 10 juin, *au milieu de vieux journaux préparés pour la destruction*; l'autre à M. de Chavigny, du 28 mars 1652, dans le carton 32-37, ce qui porte le total à 89 pièces.

Voici un aperçu des pièces qui composent ces cartons :

Anne d'Autriche (1005), Mlle d'Aumale (1005), Marie de Beauvilliers (1005), Mme de Combalet (1005), la princesse de Condé (1005), Mme de Chevreuse (1005), Mme Dacier (1004), Mme de Grignan (1004), Mme Guyon[2] (1004) [1], Mme de Lafayette (1004), Mlle de Lespinasse (1004), Mes de Maintenon, de Montespan, de Montbazon (1005), Ninon de Lenclos (1004), Mlle de Scudéry, Mme de Sévigné (1004), etc.

c) *Philosophes.*

Descartes[3] (2), Leibniz[4] (3), Malebranche, Gassendi, Spinoza[5]

1. La lettre de Turenne à Mme de Turenne, du 3 septembre 1653, est en assez mauvais état.

2. Le 17 juin 1881, M. Vidal fut autorisé à consulter les lettres de Mme Guyon.

3. La lettre de Descartes du 4 août 1634 est en très mauvais état. Les bords très abîmés ont été consolidés par des bandes de papier.

4. Quelques-unes des lettres de Leibniz ont été publiées dans *L'Amateur d'autographes* du 15 septembre 1903.

5. La lettre de Spinoza a été reproduite en fac-simile par W. Meijer, *Nachbildung der im Jahre* 1902 *noch erhaltenen eigenhändigen Briefe des Benedictus Despinoza* : Haag, 1903, in-fol., n° 3.

(4). Carton 1003 (=60 pièces). A ce nombre il faut ajouter une lettre de Kant[1] (28 octobre 1759) (5), et 2 de Dugal-Stewart (carton 1007), plus deux autographes de Malebranche (retirés du carton 81-86) et une de Condillac. Total 66 pièces.

Pièces à retirer. — 1° Un fac-simile d'une lettre de Mme de Grigran (1004).

2° Une lettre adressée à Cousin de M. Duval-Jouve, du 28 mai 1844.

3° Des copies : lettres de Gaston d'Orléans, de Condé, de l'archevêque de Lyon à Richelieu et notes sur eux, de Servien, Turgot, etc., copie d'un reçu de Descartes, lettres de Leibniz, etc...

En résumé, ces dossiers contiennent :

Hommes illustres	: 249	pièces	au lieu de	228	catalogues.
Femmes célèbres	: 89	—	—	87	—
Philosophes	: 66	—	—	60	—
Soit	: 404	pièces	au lieu de	375	catalogues.

Il est à craindre, malheureusement, que ce ne soit pas encore le chiffre exact, et que quelques pièces de la collection de Cousin ne manquent aujourd'hui.

L'on peut, en effet, constater dans beaucoup de dossiers des traces de lettres décollées, sans aucune note qui puisse nous renseigner. Nous savons ce qu'est devenue l'une d'elles, du carton 1006, non par une note quelconque du dossier ou de l'inventaire (on a négligé cette mesure indispensable), mais par le reçu suivant de la Bibliothèque nationale : « L'administrateur général, directeur soussigné, reconnaît avoir reçu de M. B. S. Hilaire, membre de l'Institut, par les soins de M. Ranieri Galleni, une lettre originale et autographe de La Rochefoucauld, adressée à Mlle d'Aumale, datée de Vertoeil le 4 décembre, et commençant par les mots *Hélas. — Je crois que.* — Cette pièce va être réintégrée dans le volume de la Bibl. nationale dont elle a jadis fait partie. »

« *Signé* : L. DELISLE. »

1. Cette lettre a été publiée par un délégué de l'Académie de Berlin, M. B. Groethuysen, dans les *Sitzungsberichte der königl. preussischen Academie der Wissenschaften* de Berlin, 1906, p. 158-163.

Mais c'est la seule absence qui soit justifiée ; aussi je crois nécessaire de signaler les dossiers où l'on peut remarquer ces traces suspectes :

Mme de Tencin (1004).

Mme de Conti au cardinal Fleury, après la lettre du 12 juin 1737.

Mme de Maintenon à Amelot, 20 novembre 1714 (ces 2 dernières dans 1005).

Cardinal de Retz. A la suite de la lettre du 4 avril 1669, il semble que deux lettres aient été décollées (1002).

Racine.

Boileau 1006.

La Rochefoucauld. Cf. ci-dessus la note de M. Delisle.

Enfin cote 57, carton 1007, et Malebranche (1003). Pour ce dernier, la pièce décollée est peut-être l'une de celles trouvées dans les papiers de Cousin (carton 81-86).

Mutilations. — Il n'est pas inutile d'indiquer les mutilations de quelques-unes des pièces de ces beaux dossiers, soit qu'elles soient antérieures à l'entrée de ces pièces, soit ce qui est probable, qu'elles lui soient postérieures.

Il manque une partie de l'adresse à la lettre de Marie Mancini à Turenne, du 27 janvier 1686 (n° 1005) ; un feuillet (le 2e) a été coupé en haut et en bas dans une lettre de Conti à Roquette, 23 novembre (n° 1002) et il semble que quelques lignes ont ainsi disparu. Dans la lettres de Chavigny à Séguier, du 20 avril 1643 (carton 1002) l'adresse a été coupée ; la fin dans une lettre de Tourville du 1er juillet (1002) et le commencement dans une lettre de d'Aguesseau à Fleury (1007) semblent manquer. On a barbouillé d'encre cinq lignes d'une lettre de Bossuet du 10 mars 1690, et on en a coupé en partie la signature (1006).

Une déchirure a enlevé le commencement de trois lignes dans une lettre de M. de Jaucourt (15 octobre 1746), et le coin supérieur d'une lettre de Gassendi à Hévélius[1], du 8 novembre 1647 (n° 1003). Enfin, il manque la première page d'une lettre de Buffon à l'abbé Le Blanc[2].

3. Papiers de Victor Cousin.

Les papiers de Cousin conservés à la bibliothèque emplissaient 20 cartons portant les n°s 1 à 116[3]...

4. La Correspondance de Cousin.

La Correspondance de Cousin était renfermée dans huit cartons :

I (100 bis). A.
II (101). B.
III (102). C-D.
IV (103-4). E-H.
V. (105-106). I-L.
VI. (107-108). M-Q.
VII. (109-110). R-S.
VIII. (111-112). T-Z.

Mais un grand nombre de lettres, comme on a pu s'en rendre compte par l'inventaire des cartons 1-99 se trouvaient mêlées aux papiers, et il était indispensable de les réunir aux autres. Les cartons qui en contenaient le plus sont :

1-26. Anonymes et signatures illisibles.

1. Cette lettre a été acquise par Cousin à la vente Saint-Julien (mai 1838). Lalanne et Bordier dans leur *Dictionnaire des pièces volées* disent que c'était un pseudonyme de Libri (p. 43).

2. Cette lettre d'après Lalanne et Bordier (p. 140) proviendrait de l'Observatoire.

3. Ici était reproduit l'inventaire sommaire donné plus haut, p. 27-31.

59-61. Femmes célèbres.

87-89.

95-96. Lettres diverses.

Les exemples suivants montreront combien les correspondances étaient dispersées :

Mme Austin. 87-89 et 97-99.

A. Baschet. 59-61, 76-80, 87-89, 97-99, 101.

Mlle de Blocqueville. 87-89, 105.

Chantelauze. 76-80, 87-89, 102-103.

Cte d'Haussonville. 1-26, 87-89, 95-96, 103-105.

Mgr Maret. 81-86, 95-96, 107-108.

Mérimée. 53-58, 101, 107-108, 111-112.

Oulif. 59-71, 87-89, 95-96, 97-99.

Santa-Rosa. 90-92, 109-110.

Dans le carton 87-89, il y avait par exemple : 8 lettres d'Aubertin, Bersot 13, Bertrand de Saint-Germain 41, Mme de Blocqueville 11, Bouillier 25, Caro 7, Collet (Sidonie) 26, C^sse Colonna 6, Mme Dosne 30, M. de Falloux 6, Mme de Forbin 34, Guizot 10, Janet 10, Oulif 9, etc., etc

Soit un total de 378 lettres.

Carton 95-96. Dupanloup 5, Lebrun 13, Mérimée 47, Neuville 10, Oulif 39, Lévêque 22, Mignet 24, etc., etc.

Soit : 303 lettres.

Dans les autres cartons, on trouvait des lettres de Bautain, Bellenave, Bernard, Bering, Boisaymé, Boiteau, Duruy, Monmerqué, Mignet, Massimo, Mickiewiez, Pichot, Rathery, Renan, Rémusat, Schelling (41 lettres), Spencer, Pie IX, etc...

Soit : 536 lettres.

Ce qui donne un total général de 87-89... 378
95-96... 303
Autres cartons... 536
1217 pièces hors dossiers.

Parmi les anonymes se trouvaient des lettres, non signées, il est vrai, qui pouvaient être identifiées par l'écriture ou par le lieu d'origine. Ex. *Ampère*, Guizot, Grote, Hotho, Heiberg, X. de Sade, Sainte-Beuve.

De même beaucoup de lettres classées dans le dossier des signatures illisibles auraient pu être mises à leur place assez facilement. C'est ce que j'ai fait pour des lettres de Bache, princesse Belgiojoso, Bryce, Broglie, Bury, Chennevières, Cruice, Cubières, Mme Dosne, Dunkelt, Farcy[1], Favrais d'Angers, Forcade, Goschler, d'Haussonville, Henne, Javary, Levasseur, Lindau, Munk, Nouseilles, Peucer, Palavicino, Perreyve, Planche, Provana, Rémusat, Rendall, Santacroce, Sinner, Stassart, Tappan, Théry, Véron, Virey, Witzenstein.

En somme, plus de la moitié des lettres anonymes, ou à signature illisible, ont pu être identifiées : il n'en reste que quelques-unes dont les signatures n'ont pu être encore déchiffrées.

Des lettres différentes étaient réunies pour n'en former qu'une seule : Ex. Fichte, 9 février 1839 et 27 mars 1840, réunies par du papier gommé! de même pour deux billets de M. Thiers, l'un complet, l'autre incomplet, qui ont été considérés comme n'en faisant qu'un seul!

Beaucoup de lettres qui n'étaient pas à leur place ont été retirées :

Lettre A. — Ampère à Maine de Biran, réunies aux papiers de Maine de Biran.

B. — Une lettre de Cuvilier Fleury du 3 mai 1844 et une de Mérimée du 8 octobre 1866 se trouvaient dans le dossier B. Saint-Hilaire. — Il est vrai que le catalogue les qualifie de « lettres autographes et signées de B. Saint-Hilaire ». Dans le même carton, lettre du P. Bouhours (mise aux autographes XVIIe s.), Rosmini, Mme d'Haussonville.

C. — Les lettres de Cousin (minutes) ont été retirées pour former un dossier à part.

F. — Lettres de Mohl. Les lettres de Mgr Dupanloup (signées

1. Les lettres de Farcy et Gustave Planche notamment, devaient d'autant plus facilement rejoindre leur place que M. B. Saint-Hilaire les a publiées avec leur nom.

Félix, évêque d'Orléans) avaient été confondues avec celles du P. Félix ! S. J.

G. — Copie d'une lettre de Goethe. Lettre de Grétry.

H. — Chaque correspondance du dossier *Hollande* a été retirée et mise à sa place dans l'ordre alphabétique. Il a été fait de même pour les dossiers : *Pologne*, *Russie*, etc.

M. Une lettre de Lainé était qualifiée d'autographe de Maine de Biran !

W. — Sous cette lettre se trouvaient pêle-mêle, des lettres du Dr Véron, d'Adam, de Pillans etc.

Noms défigurés. — Non content de déplacer les lettres, l'auteur du classement n'avait pas su lireun certain nombre de signatures, et avait étrangement défiguré les noms. Je me suis servi pour corriger ces erreurs des *Annuaires de l'Instruction publique*, quand il s'agissait de membres de l'enseignement, de l'ouvrage de Gams (*Series Episcoporum*) pour les évêques, du Lorenz, du Kayser, etc. du catalogue de la Bibliothèque Cousin, même, lorsqu'il s'agissait d'envoi d'ouvrages.

Bien entendu, lorsque le nom était trouvé, une contre-vérification était faite sur les volumes, ou sur les autographes reproduits en fac-simile dans les grandes catalogues (Bovet notamment).

Voici la liste de ces noms défigurés :

Adélaïde = Mme Yéméniz.

Arnauld = Arnould.

Albert = (Albert) Stapfer. — Aperdy = Capo d'Istria.

Awendt = (A.) WENDT.

Bounnow = Brunnow.

Benoit d'Aquisto = Acquisto.

Barth = HAURÉAU (Barthélemy). — Baldenvood = Calderwood.

CAMPIDI (*sic*) = ROMANO, DELLA COMP[ANIE] D[I] J[ESU]. — Caquat = abbé Cognat.

CANCREAUX = OZANEAUX. — Choulot = Charlot. — Cosh = Mac Cosh.

DELIANO = DELCASSO. — Destouville = de Monville.

Ferrante = Aporti. — *François* = *Mgr Rivet.* — *Félix* = *Mgr Dupanloup.*

Fougère = Feugère. — Fouqué = La Mothe Fouqué.

Gatien = Arnould (Gatien). — Gendroz, Gendru, Gindron = Gindroz. — Gandat = Gandar.

Geoffroy Melon = *Isidore Geoffroy S. Hilaire.* — Guevrier = Grucker.

Hildebrand = Hillebrand. — Homon = Hamon. — Hyde de Neuville = Naville.

Boutron = Boutron.

Kersaint de la Villemespré = Hersart de la Villemarqué.

Louise = Mme de Blocqueville. — Legine = Leglay.

Legrand = Legoarant. — Lambermant = Lambert (avocat).

Mastoxidi = Mustoxidi. — Mile = John Stuart Mill. — Mooks = Brooks.

Moondridge = Woodbridge.

Navier = Havin. — Napoline = Mme Bernetz.

Otto = Mündler (Otto).

Paul (Elothert) = Mac Llothert. — Pessy = Passy. — Pirratelli = Pizzatelli.

Prudencono = Prudenzano. — A. de Prelet = Pictet (11 août 1825).

Rapp = Kapp. — Reving = Beving.

Sabbione = Provana. — Stan = Villeneuve-Bargemont. — Small = Snell.

Schulemberger. — Schützenberg.

Tesle = Teste. — This = Thiel. — Tellemberg = Fallenberg. — Tournez[1] = P. L. Courrier.

Veram = Vera.

Vesput = Dupret.

Zalini = Pratini.

Les chiffres qui figuraient sur les dossiers n'étaient pas plus

(1) Lettre du 2 mai 1820 (anonyme). Le mot *tournez*, au bas de la première page a été pris pour la signature!

exacts, pas plus d'ailleurs que les analyses — très rares à la vérité, — que l'on trouve quelquefois. Une lettre de Poujoulat, du 9 mai 1854, envoyant un ouvrage sur des lettres de Bossuet est ainsi analysée : Hommage de 2 lettres de Bossuet.

Voici des exemples pris parmi les plus importants :

Bouillier	69 lettres indiquées.	Il y en a 84
Mme Dosne	45 —	— 76
Mis de Forbin	11 —	— 47
Janet	12 —	— 25
Lévêque	8 —	— 34
Molé	49 —	— 60
Mérimée	12 —	— 60
Mignet	53 —	— 77

Mais, ce qui est plus grave, c'est que toutes ces lettres n'étaient pas inventoriées.

Le total ancien était de 4.861 lettres; 505 ont été retirées soit parce qu'elles n'étaient pas adressées à Cousin, soit parce qu'elles appartenaient à d'autres dossiers (Santa Rosa, par exemple). Restaient donc 4.356 pièces. Or le total actuel est de 5.323.

Soit 967 pièces en plus.

Enfin il faudrait ajouter à ces lettres[1], une de Duval Jouve relative à Gassendi (autogr. *Phylosophes*, carton 1907), et une lettre en allemand de Moriz Carrière, du 9 octobre 1850, reliée dans ses *Religiöse Reden* (n° 18508).

5. Papiers de Saint-Hilaire.

Après la mort de Barthélemy Saint-Hilaire, ses papiers furent remis par son exécuteur testamentaire, M. René Millet, à la Bibliothèque Cousin, probablement sur la volonté du défunt.

1. Quelques-unes ne sont pas adressées à Cousin, mais lui ont été transmises. Ex. Vacherot à Boyer Scharf (12 mars 1860), à une dame; Michel Chevalier à Sacy (15 octobre 1848), Horner au comte de Flahaut; Hamilton, 3 lettres à Mme Austin.

a) *Mss.* — Quelques mss., cartonnés ou reliés, furent mis sur les rayons au milieu des volumes :

[14193]. Procès-verbal de l'inauguration du monument V. Cousin, ms. sur vélin.

[16217-16223]. Aristote, *Métaphysique*, trad. par Barthélemy Saint-Hilaire. 7 carnets 8°.

[16292]. Journal du 9 septembre 1846 au 5 octobre.

[16293]. Id. Απομνημονεύματα. Décembre 1848 à 1869. Ce volume contient quelques lignes intéressantes sur la liquidation de la succession Cousin. Des notes sur la littérature indoue, sur les correspondants de Cousin, sur Aristote, étaient dans trois cartons, avec des papiers concernant la présidence de M. Thiers (adresses, suppliques, lettres), des pièces originales sur la Révolution de 1848, qui ont été réunies, foliotées, timbrées et préparées pour la reliure.

b) *Correspondance.* — Un autre carton contenait les lettres adressées à Barthélemy Saint-Hilaire.

Avant d'en parler, il est indispensable de déclarer que la Bibliothèque Cousin ne possède qu'une *très minime* partie de cette correspondance.

La meilleure preuve en est que l'on ne trouve dans ces dossiers que *deux* lettres d'Odilon Barrot, *deux* (EN COPIE, et l'une d'elles est *suspecte*) de M. Thiers [une lettre de M. Thiers à B. Saint-Hilaire du 31 juillet 1866 a été donnée par lui à Mlle Dosne, qui l'a déposée à la Bibliothèque Nationale en 1900]; — *trois* de M. de Lesseps; — *deux* de Mignet; — *six* de Cousin; — *une* seule de Mlle Dosne.

L'invraisemblance de ces chiffres saute aux yeux, sans qu'il soit nécessaire d'insister.

Donc la Correspondance de Barthélemy Saint-Hilaire est très incomplète. Elle comprend en tout 249 lettres, auxquelles il faut ajouter 64 lettres qui se trouvaient mêlées à ses papiers (cartons 1-5 et 6-7), plus 31 lettres mêlées aux papiers de Cousin (cartons 93-94) (lettre de Lenglier), 97-98, lettres de Cousin, de Courcel;

plus 112-114, des lettres de Mme Morin, Thouron, Blampignon, Mérimée, Santa-Rosa, Sclopis, etc. Ce qui donne :

Correspondance	249 lettres	
Papiers	64	—
— Cousin	32	—
Soit	345 lettres.	

Il n'existe pas d'autre inventaire de ces papiers que celui, très sommaire, rédigé en vue du présent rapport.

Comme pour la correspondance de Cousin, certains noms ont été défigurés :

Baudriart = Baudrillart. — Bellefonde = Lineuil de Bellefonds.

Cuicemmy = Guillaume (*de l'Institut*).

Gellière = Duchesse de Galliera. — Gardin = lady Gordon.

Huartsole = Stuart Poole (du British Museum).

Luchilde = Mme (Lee) Childe. — Molins = Marquis de Molina.

Schielot = Schoelcher. — Pelopé = Sclopis.

6. Résidu.

Mais dans une armoire, destinés à allumer le feu, *prêts à être détruits* (peut-être même un commencement d'exécution a-t-il eu lieu), étaient pêle-mêle des notes de V. Cousin, le dossier sur Leibniz, une généalogie de la maison de Hautefort, des notes de voyage de Cousin, des documents sur l'instruction publique en Allemagne, *des lettres adressées à Cousin* (de Champollion, Cigongne, Jubinal, baron de Stassart), le ms. d'Athénée, des notes sur La Rochefoucauld (en partie), et la thèse de Cousin sur Thucydide ! — toutes choses qui ont été mises en ordre, — puis des papiers informes de Barthélemy Saint-Hilaire, à l'aide desquels nous avons pu constituer quelques mss., en les réunissant aux fragments contenus dans les trois cartons de papiers.

a) *Papiers Saint-Hilaire.*

Notes diverses : 1. Sur le Dr Maure. — Cours du collège de France sur la philosophie hindoue (1851-52). Rapport de la commission instituée par le Ministère de l'Instruction publique pour examiner la question de l'achat des immeubles attenant à la Bibliothèque nationale (1878).

2. Notes sur la Société française depuis la Révolution, *1 vol.*

3. Notes (la plupart non utilisées) pour son ouvrage sur Cousin.

4. Cahiers sur le Bhagavad Gita, le Mahabharata, Ramayana, traduction des Samkhya, Karikas, axiomes de Gotama, etc., 2 vol.

5. 17 cahiers de traduction d'Aristote. Analyse de l'*Organon*. traductions de l'*Économique*, des *Couleurs*, de la *Physiognomonie*, des *Plantes*, des *Singularités*, de la *Mécanique*, des *Problèmes*, des *Questions de mécanique*.

6. Littérature indoue.

7. L'Inde.

8. Mélanges.

b) *Archives de la Bibliothèque.*

Chose plus grave, au milieu de ces papiers, mis au rebut, se trouvaient des documents — ou plutôt une partie des documents constituant les archives de la Bibliothèque.

En voici l'état sommaire :

I. *Personnel.* — Il n'y a que la nomination de deux des garçons. Rey (17 avril 1877) et Duchemin (1er avril 1885), qui, démissionnaire, fut remplacé en novembre 1890 par M. Camatte.

II. *Comptabilité.* — Depuis 1867 ; lacune de 1869 à 1877.

III. *Correspondance.* — *Très incomplète*, de 1867 à 1897, avec lacune de 1867 à 1878.

IV. Pièces pour servir à l'histoire de la Bibliothèque.

1) Règlement du 20 avril 1868[1].

2) Une visite à la Bibliothèque de M. Cousin en 1860.

3) Inventaire des objets mobiliers, 1er mai 1882.

V. Catalogues et inventaires (fragments).

7. — Nouveau classement.

a) *Les manuscrits.*

Il a paru nécessaire de s'occuper tout d'abord des mss., mal classés, en désordre, non catalogués, risquant de s'abîmer ou de s'égarer, et de la Correspondance.

Les manuscrits appelés improprement : papiers de Cousin (cartons 1-98) ont été triés[2]; on a rapproché les fragments d'un même dossier, souvent d'un même document! qui se trouvaient dans des cartons différents. Tous les documents originaux ont été timbrés avec un petit timbre spécialement commandé pour cet usage, du diamètre d'une pièce de 0fr,20, portant *Bibl. V. Cousin*. Chaque ms. a été folioté, et timbré de 50 en 50 pages...

A la suite venait l'inventaire sommaire des mss. J'attirais particulièrement l'attention sur la thèse de Cousin sur Thucydide, la copie des Carnets de Mazarin, les copies des Papiers de Noailles prises à la Bibliothèque du Louvre en 1854[3], *sur les fragments des registres des sections de Paris de 1792-1795, composés de 95 fragments de 34 registres différents, etc.*

Je ne reproduirai de l'inventaire, qui paraîtra plus tard plus détaillé, sous une autre forme, que la sous-section G :

Fauriel.— Notes sur l'histoire de Florence (1215 à 1289), 43 ff. 8° [le f° 25 a été coupé en partie avec des ciseaux].

Extraits en langue romane...

1. Appendice I.

2. Pour constituer les mss., l'on a suivi, autant que possible, les indications mises, par Cousin lui-même, sur les dossiers.

3. Cf. lettre de M. Barbier, du 4 avril 1854, [les documents ayant été brûlés en 1871, ces copies ont une valeur inestimable].

Une partie se trouvait sous la cote 14883, le reste dans les papiers au rebut.

Les papiers de Fauriel devaient être plus importants : nous savons par les lettres de J. Mohl qu'il laissa en mourant ses livres à Cousin. M. Barthélemy Saint-Hilaire[1] dit : « Ses livres espagnols et provençaux *qui forment une section à part*[2], annexe de la Bibliothèque principale ». En admettant même qu'il n'y ait eu que cette catégorie d'ouvrages, Fauriel a dû laisser de nombreux mss. provençaux. Que sont-ils devenus?

Papiers de Maine de Biran. — 199 ff. in-fol. — Lettres de Maine de Biran à Ampère (1808-1809). [Ce sont les originaux]. — Lettres d'Ampère et Baggesen à Maine de Biran, 2 lettres de Maine de Biran à Cousin, lettre du fils de Maine de Biran sur les papiers de son père, et notice sur ces papiers par M. Lainé. — Notes et fragments divers de Maine de Biran.

A la mort de Maine de Biran, son exécuteur testamentaire, M. Lainé, avait chargé Cousin d'examiner les papiers; malheureusement des brochures et des mss. avaient été portés chez l'épicier[3]. Cousin, le 15 août 1825, remit un inventaire des mss. philosophiques de M. de Biran[4]. Il dut rendre tous les papiers qui lui avaient été confiés, à l'exception du ms. sur les *Rapports du physique et du moral*, qu'il publia en 1834. Mais il y avait d'autres mss. en Périgord, et M. Naville en reçut deux caisses le 31 décembre 1843 et le 17 septembre 1844[5]. Cousin était en relations avec M. Naville. Les fragments de Maine de Biran peuvent donc provenir de cette source, ou bien ils auront été gardés par lui.

1. *V. Cousin, sa vie et sa correspondance*, III, 10.

2. Inexact; ou bien ces livres ne se trouvent plus à la Bibliothèque.

3. *Notice historique et bibliographique sur les travaux de Maine de Biran*, contenant : 1° l'histoire des mss. inédits de ce philosophe; 2° le catalogue raisonné de ses ouvrages tant inédits que publiés; 3° le catalogue des écrits relatifs à sa vie et à ses doctrines [par E. Naville], avril 1851 [s. l.] 8°, XXXIV-49 p.

4. Id., IX-XII. — *Nouvelles considérations sur les rapports du physique et du moral de l'homme*, ouvrage posthume de M. Maine de Biran, publié par V. Cousin, 1834. Préface, p. I-IV.

5. *Œuvres inédites de Maine de Biran*, publ. par E. Naville, Paris, Dézobry, 1850, III, 555-92.

b) *La Correspondance.*

Comme il était tout indiqué, les lettres de divers cartons ont été réunies aux dossiers dans lesquels elles devaient se trouver naturellement. L'ordre rigoureusement alphabétique a été adopté, et, dans chaque série alphabétique, l'ordre chronologique, dans la mesure du possible.

a) *Lettres de Victor Cousin.*

Il a été constitué deux dossiers à part des lettres de Victor Cousin, dont l'un ne pourra pas être relié, étant destiné à s'accroître.

1° *Lettres autographes* : originaux ou minutes, ou copies revues par Cousin[1].

2° Copies de lettres de Cousin à Mrs. Austin.

Malheureusement, ce classement a montré que la Correspondance de V. Cousin n'était pas parvenue intégralement à la Bibliothèque et nous allons exposer simplement les faits; mais auparavant, nous devons constater que quelques-unes des lettres qui sont dans les dossiers ont subi des mutilations, récentes très probablement, c'est-à-dire postérieures à la mort de Cousin, car une lettre de Cousin à Mme Austin, incomplète, à laquelle il manque la date, et que son contexte ne permet pas de dater, *même approximativement*, porte, de la main de Barthélemy Saint-Hilaire : 1849.

Mutilations.

Voici le relevé des mutilations que nous avons pu constater : Lettres de Mrs. Austin; lettre de Cousin à Mme Austin. S. d. La 2e feuille est déchirée, moins les 4 premières lignes dont le verso est biffé. B. Saint-Hilaire a mis la date : 1849.

Beving. — Il manque le commencement d'une lettre sur Kant.

1. L'inventaire en sera publié dans le catalogue des mss.

Girard (Grégoire). — 10 avril 1844. — La 1re feuille a été coupée avec des ciseaux, il n'en reste qu'une ligne.

Provana. — Lettre du 18 septembre 1828. — Il ne reste que la moitié de la dernière page, le reste a été déchiré.

Thiers. — Une lettre s. d. dont on n'a que la fin; *Inc.* « mais prenez bien garde à vos confidences ». La 1re page a été déchirée. Une autre lettre du 16 mai 1861, est incomplète de la fin. On lui avait joint, pour la compléter, un billet complet par lui-même!

Dans le dossier des lettres anonymes.

1° Lettre d'un habitant de la campagne : Vous souvenez-vous... 4 p., mq. les suivantes.

2° Lettre d'un professeur de Pamiers, 26 juillet 1855, mq. 2e page.

3° Lettre sur l'histoire de la philosophie et le mysticisme. Il manque la fin.

4° Lettre relative à Mme de Longueville. Il manque la fin.

Pièces en déficit.

Beaucoup de lettres adressées à Cousin ont disparu.

Certaines lettres sans importance ont peut-être été détruites par Cousin lui-même, qui se servait quelquefois, pour prendre ses notes, de tout ce qui lui tombait sous la main[1].

Ainsi le plan de la 2e leçon de 1828 (papiers de Cousin, fol. 104) est écrit au verso d'une lettre de J. J. Ampère; une note sur Xénophane (Ms. 13, fol. 34) au verso d'une invitation de Mignet

1. Par exemple, il ne conservait pas autrement les lettres de décès ou de mariage. Des notes pour son cours de 1818 (n° 2) sont écrites au verso de la lettre de décès du père de Mme Récamier; le fol. 127 du même ms., au verso de celle de mariage de Guizot avec Mlle Dillon; le fol. 128 au verso de celle de M. de Gérando. Cf. ms. 31, 26, 29, etc. Le fol. 36 de ce ms. est constitué par la lettre de décès de Scribe (20 fév. 1861) et le fol. 67 du ms. des Notes sur la Fronde, par celle de Lenormant (22 novembre 1859).

à dîner avec Fauriel (28 juin 1827); le fol. 33 du ms. 31 est constitué par un billet de Barthélemy Saint-Hilaire (du 29 janvier 1861), invitation à dîner au nom d'Odilon Barrot, et le fol. 42 du même manuscrit (une notice sur Bentivoglio) par un fragment de lettre du chancelier Pasquier. Enfin une note de la main de Cousin sur Mazarin (n° 38, fol. 2), est écrite au verso d'un fragment de lettre (envoi d'ouvrage) de M. Campaux, professeur de rhétorique au Lycée de Mâcon[1].

Mais celles dont nous constatons l'absence ne sont malheureusement pas dans ce cas.

Il ne subsiste pas une seule lettre de Louise Colet qui en écrivit tant, et qui, pour beaucoup de raisons, a dû en adresser un grand nombre à Cousin[2]; pas une, non plus, de Mme de Custine, en relation cependant avec Cousin[3]; une lettre de Sainte-Beuve publiée dans la *Correspondance* de Sainte-Beuve[4] ne se retrouve pas dans les dossiers, pas plus qu'une lettre de M. de Gersdorff du 27 avril 1826, que Cousin a traduite.

Ce qui est plus grave, c'est la disparition des lettres publiées par Barthélemy Saint-Hilaire, dans son ouvrage sur Cousin.

2 lettres de Napoléon III, publiées . . . . I, 545,
1 — de l'Impératrice . . . . I, 546,
1 — du pape Pie IX,
2 billets de l'Impératrice Augusta de Prusse, I, 555-56,

et surtout celles du duc d'Aumale. Voici ce qu'en dit B. Saint-Hilaire (I, 554) : « Nous pourrions citer bien des lettres du duc d'Aumale de 1854 à 1865 », et il en a publié 4 : l'une du 18 mars 1854 (I, 549): une autre du 15 mai 1854 (I, 550), la 3e du 5 août 1855 (I, 551); la dernière, du 10 juillet 1865 (I, 553), est précédée

1. Dans le même ms., le fol. 12 est le verso d'un reçu de 700 fr. délivré à Cousin pour son loyer de Cannes.

2. Il existe à la Bibl. Cousin un fragment d'une lettre de Cousin à L. Colet, *retrouvé dans les papiers de rebut*. Il a passé en vente quelques lettres de Cousin à L. Colet : une, entre autres, du 17 janvier 1846 (vente Rathery, du 24 avril 1876), n° 477.

3. Il existe une lettre de Cousin à Mme de Custine à la Bibl. nationale, nouv. acq. franç., 1302, fol. 233.

4. Ste-Beuve, *Correspondance*, I, 116.

de cette note : « La correspondance entre le Prince et M. Cousin continua pendant toutes les années qui suivirent [1855]; elle était littéraire presque exclusivement ».

Aucune de ces lettres ne se retrouve aujourd'hui. D'autre part, l'on peut affirmer que certains papiers de Cousin ont été détournés, car il passe assez souvent chez les marchands d'autographes des notes de sa main.

Mme Morin. — Le testament de Cousin très court, daté du 1er octobre 1863, était suivi de nombreux codicilles. — Le second consacré à ses domestiques M. et Mme Morin leur laissait outre une petite somme, le mobilier de la chambre à coucher « mais non le secrétaire, où sont mon argent et mes papiers ». L'on ne sait comment Mme Morin a pu avoir en sa possession plus de 400 lettres adressées à Cousin, qui ont été vendues à Aix en Provence, et dont on a pu se procurer quelques échantillons qui font regretter cette soustraction : lettres de Hugo, Lamartine, Guizot, Thiers, et *très curieuse* lettre de Cousin.

Barthélemy Saint-Hilaire.

Le 3e codicille, du 20 novembre, était ainsi conçu :

« Je laisse beaucoup de papiers, des lettres à moi adressées depuis plus de 30 ans par des personnes célèbres, formant une Correspondance assez vaste. Je laisse aussi une foule de notes...

« ...Il y a parmi mes papiers *bien des lettres* de M. de Biran, Royer-Collard, Galluppi, Van Heusde, Hamilton, Brandis, Schleiermacher, Hegel, Schelling, qui ne seraient pas sans intérêt pour le public, sans parler de celles de personnages tels que MM. Molé, Chateaubriand, Guizot, Thiers et bien d'autres ».

Or nous n'avons trouvé qu'une seule lettre de Maine de Biran, 15 de Royer-Collard, 5 billets insignifiants de Chateaubriand, quelques lettres de Thiers, qui ne devaient pas constituer *toute* la correspondance de ces écrivains.

M. B. Saint-Hilaire était déclaré légataire des papiers avec

M. Mignet, QUI N'EN A PAS EU. Mais ces papiers ont été versés à la Bibliothèque Cousin, et il semble que Cousin avait dû laisser des instructions à cet égard. Il disait, en effet, dans le 1er codicille, du 15 octobre 1863, relatif à sa bibliothèque : « Plus tard j'adresserai à M. Barthélemy Saint-Hilaire des instructions détaillées ».

Quelques lacunes viennent du fait de M. B. Saint-Hilaire, car il avait une habitude déplorable : celle de rendre toutes les correspondances[1] de V. Cousin qu'on lui réclamait. Il est vrai qu'il faisait prendre copie des lettres qui lui paraissaient intéressantes, mais il rendait les originaux. Il y a une négociation type qui est un modèle du genre : celle des papiers Santa-Rosa.

Le 23 février 1867, quelques semaines après la mort de Cousin, le comte de Santa-Rosa écrivait à B. S. Hilaire pour « obtenir les papiers », lettres de son père et de son grand-père, conservées par Cousin. La réponse fut affirmative. La lettre inédite du comte de Santa-Rosa du 2 mai 1867 en est la preuve. Il remercie M. B. Saint-Hilaire et ajoute : « Vous êtes trop bon et trop aimable, Monsieur, pour nous demander de prendre copie *de quelques lettres* de mon grand-père ». Il lui propose aussi de lui communiquer les lettres de Cousin qu'il peut avoir, *offre qui n'a pas été agréée* ! !

Le 30 septembre, nouvelle lettre de M. Santa Rosa qui exprime sa reconnaissance de l'offre si parfaite *de remettre les lettres et papiers* que son grand-père avait adressés à M. V. Cousin. Barthélemy Saint-Hilaire ne rendit ces papiers qu'en 1875, ainsi qu'en fait foi une lettre de M. de Santa Rosa, du 5 décembre 1875 sur laquelle M. B. Saint-Hilaire a ajouté : « Déposé les lettres entre les mains de M. E. Pinard. B. S. Hilaire, 6 décembre 1875 ».

Il n'avait fait copier que les lettres du comte Théodore, et si

1. Il en était de même pour les livres. Voici une lettre à lui adressée de l'abbé Blampignon, 4 avril 1867 : « J'ai trouvé en rentrant à Paris les volumes que vous avez bien voulu m'envoyer en souvenir de M. V. Cousin, et je vous en offre mes très sincères remerciements ».

mal, que certaines (par exemple celle du 16 août 1857) sont inintelligibles. — Par hasard, quelques lettres de l'ami de Cousin et du comte Théodore avaient échappé à cette restitution (cartons 90-92 et 59-61).

Nous savons aussi qu'il a été rendu à Mlle Dosne quelques lettres de Thiers à Cousin : une de 1862, une de 1863, deux de 1864, une de 1866, aujourd'hui déposées à la Bibliothèque nationale.

Les lettres du duc d'Aumale ne se trouvent pas à Chantilly. Qu'ont pu devenir celles de l'Empereur et de l'Impératrice, qui n'ont pas été rendues aux intéressés? M. René Millet, exécuteur testamentaire de Saint-Hilaire m'a affirmé n'avoir plus aucun papier par devers lui, et avoir tout remis à la Bibliothèque Cousin.

CONCLUSION

Les mss. de la Bibliothèque Cousin, ni timbrés, ni foliotés, la plupart ne figurant même pas à l'inventaire, placés pêle-mêle dans des cartons, ou sur les rayons, étaient dans le plus grand désordre, grâce à l'incapacité des personnes qui, depuis la mort de V. Cousin, ont toujours été chargées du classement et du catalogue.

Le nouveau classement a permis de constater :

Dans les autographes, des mutilations et des traces suspectes de pièces décollées;

Des mutilations jusque dans les lettres adressées à Cousin;

Enfin des soustractions et des disparitions de correspondances.

Mais il a fait aussi retrouver des pièces mises au rebut.

I

Pièces retrouvées.

Parmi les pièces qui ont pu être sauvées ainsi de la destruction, il y a des lettres de Leibniz, des notes de voyage de Cousin, des documents sur l'Instruction publique à l'étranger, etc. ; mais il est à craindre qu'un certain nombre de papiers importants n'aient subi le triste sort auquel ceux-ci ont échappé par miracle.

C'est aussi au rebut qu'a été retrouvée la comptabilité, dont une partie avait déjà été détruite.

II

Pièces perdues.

Pour les pièces perdues, il y a deux distinctions à faire :

A. *Pièces perdues définitivement.*

De ce nombre paraissent devoir être les lettres du duc d'Aumale, de Pie IX, de Napoléon III, de l'Impératrice, etc...

B. *Réintégrations possibles.*

Par contre, on peut espérer la réintégration des lettres soustraites par Mme Morin, et peut-être aussi celle de quelques-unes des correspondances si malencontreusement restituées par B. Saint-Hilaire. Certains dossiers resteront *ouverts*, c'est-à-dire ne sont pas reliés, en vue de ces réintégrations possibles.

Tel qu'il est, le fonds des mss. de la Bibliothèque Cousin, — un des moindres de nos Bibliothèques parisiennes par la quantité, — est de première importance pour la philosophie, l'histoire et la littérature.

« Paris, ce 31 juillet 1901. »

L'année suivante, M. de Chantepie décida la réfection du catalogue sur fiches.

Un rapport, du 21 février 1903, le mit au courant de ce qui avait été fait à cette date :

«... Vous avez constaté, M. le Conservateur, que les deux catalogues étaient complètement à refaire, et vous avez décidé de commencer cette réfection par le catalogue sur fiches. Le travail a été commencé le 15 avril 1902. Il ne pouvait être question dans l'état actuel de ce catalogue de se contenter de la transcription pure et simple des cartes : il a paru nécessaire de les considérer comme n'existant pas, et de prendre les ouvrages à partir du n° 1. L'expérience a montré comme il était prudent d'agir ainsi.

« Un certain nombre d'ouvrages ou brochures ne figurent pas aux cartes. *En principe, les recueils ne sont pas dépouillés* : le vol. 1309 contient 4 pièces, les vol. 1311 et 1313 chacun 7, tel autre 24, et la première seule est représentée par une carte), ou quand ils le sont, ils le sont incomplètement (4 cartes sur 12 pour le vol. 1117, 1 sur 3 pour le vol. 293; il manque une carte pour le vol. 1058, 3 pour le recueil 2094, etc., etc.).

« Cette manière d'opérer permet aussi de constater les lacunes et les mutilations. L'*Histoire littéraire de la France* (qui ne figure d'ailleurs pas au catalogue) s'arrête au tome XXVIII. *Les Notes de voyages* de Prosper Mérimée, 871, 872 sont coupées en tête.

« Les volumes d'un même ouvrage sont souvent éloignés les uns des autres. L'ouvrage de Waagen, *Kunstwerke in England und Paris* avait ses tomes I et II sous les nos 330 et 331 et le tome III sous le n° 917! [Les 3 volumes ont été portés au n° 330.]

« Il arrive aussi que les ouvrages figurent aux cartes à une rubrique où l'on n'irait pas les chercher : un ouvrage de Mgr Dupanloup (14819) sur l'athéisme est à la rubrique : *Orléans*, *Mac Cosh* est travesti en *Cosh* (1716-1778), *Hamilton* (baronnet), devient M. *Bart* (Hamilton) [fiches 14884, 14888]; il existe enfin des cartes pour les œuvres de M. BARRISTER AT LAW (*sic*) [14114].

« Les volumes de 1 à 1808 ont été ainsi vus un à un, et tous les ouvrages qu'ils contiennent sont représentés par une fiche. Le nombre de fiches à cette date est d'environ 3.000 (chiffre minimum), et s'il n'est pas plus considérable, c'est que le travail a été souvent coupé par des vérifications ou la préparation de la reliure. »

M. de Chantepie, en effet, avait pendant les vacances dressé de copieuses listes[1] de desiderata : j'étais chargé de vérifier si l'ouvrage existait à la Bibliothèque de l'Université, ou à la Bibliothèque Cousin. Le Conservateur, dans un rapport sur la Bibliothèque en 1902, rendait ainsi compte de ce qu'il avait fait :

« ... J'ai poursuivi : le relevé des lacunes, et l'acquisition des ouvrages destinés à les combler. En dehors des nombreux articles pris sur les catalogues d'occasion ou de vente, j'ai dressé une première liste de 33 pp. 8°, petit texte, qui, communiquée à tous les libraires de l'Europe, a déjà amené et amène tous les jours à la Bibliothèque, une quantité d'ouvrages qui ne sauraient manquer à une Bibliothèque philosophique. Il y en a en ce moment à l'impression une seconde ; mes recherches continuent d'ailleurs, et donnent toujours de nouveaux résultats.

« En fait de nouveautés, j'ai essayé de ne laisser passer aucune publication philosophique parue dans l'année. Je ne puis répondre que quelques-unes ne m'aient pas échappé, mais ce n'est qu'un retard. On les retrouve toujours, et assez vite.

« Ne pouvant tout faire à la fois, j'ai dû encore laisser de côté deux catégories de publications. — Les périodiques, particulièrement les anciens (la plupart des nouveaux figurent à la Bibl. de l'Université), et les petits ouvrages (monographies, points spéciaux, etc.) se rapportant aux grands philosophes ; j'entends la masse des dissertations, des brochures, etc., très utile et incessamment demandée sur les grands philosophes, d'Aristote à Schopenhauer. Il en existe déjà beaucoup dans les deux Bibliothèques, mais il en manque encore plus qu'il n'y en a.

« ... J'essaie de faire marcher la reliure en accord avec les achats. Deux trains viennent de partir. Avec deux autres on se trouvera au courant et en état de ne pas mettre en service des livres brochés, ce qui est une condition de conservation exigée

1. La première liste comprenait 1.221 numéros, la seconde 1.659. Les ouvrages portés sur la première liste, et non fournis, figuraient sur cette seconde liste.

dans toutes les bibliothèques à qui leurs ressources le permettent... »

IV

ADMINISTRATION DE M. GRÉARD

Un arrêté du 19 février 1903 nommait Bibliothécaire en chef, à dater du 16, M. O. Gréard, vice-recteur honoraire de l'Université de Paris, et, *sur la demande de M. Gréard*, M. de Chantepie et moi devions rester à la Bibliothèque Cousin, avec les mêmes attributions, c'est-à-dire que M. de Chantepie restait chargé des acquisitions, et le soin du catalogue m'incombait.

Les premières semaines, je pus continuer le catalogue sur fiches, jusqu'au numéro 2020, ce qui, étant donné le nombre de recueils factices dépouillés, représente plusieurs centaines de fiches.

Puis M. Gréard me demanda de m'occuper des raretés. Les volumes durent subir des remaniements. M. de Chantepie m'avait fait retirer des rayons les Incunables et les ouvrages du XVIe siècle, M. Gréard fit chercher les ouvrages de provenance illustre, auxquels j'ajoutai les reliures précieuses. Je proposai aussi [1] de faire un inventaire détaillé de la riche collection des éditions originales des classiques français, que Rochebillière et Ad. Regnier avaient si souvent consultée, en indiquant autant que possible la provenance, à l'aide de la Correspondance [2], qui nous apprend, entre autres choses, que Cousin dut les éditions originales de Molière à une libéralité du Mis de Coislin [3].

L'inventaire général des *Cimelien* de la Bibliothèque Cousin se trouve donc ainsi formé :

1) Catalogue des Mss.

2) — des incunables.

1. Cf. mon rapport du 13 janvier 1904, adressé a M. Gréard, qui le transmit au ministère quelques heures avant sa mort.

2. Lettres du libraire Potier de 1862 a 1864.

3. Lettres du 17 décembre 1847 et du 11 juillet 1847.

3) Catalogue des ouvrages du XVIe siècle.

4) — des reliures.

5) — de la réserve [ouvrages avec dédicaces d'auteurs célèbres, ou très rares, tels que les *Divers portraits*, le Perrault de 1697 etc.

Ce travail permit de constater l'absence d'un certain nombre d'ouvrages qui faisaient partie, sans aucun doute, de la Bibliothèque que Cousin légua à l'Université par son testament du 1er octobre 1863, car leur envoi est indiqué dans les lettres de leurs auteurs. Il est à craindre que beaucoup de noms qui ne figurent pas sur cette liste, n'en soient pas moins absents des rayons. A côté du nom, il a paru nécessaire de mettre la date de la lettre où il est fait mention de l'ouvrage d'une façon certaine.

Ackermann (L.). — 3 novembre 1845.
Arnault (N.). — 18 mars 1856.
Badham (Ch.). — 9 mai 1851.
Bara (L.). — 10 juillet 1853.
Barré (L.). — 22 septembre 1834.
Basse. — 16 septembre 1846.
Bergeron. — 7 février 1841.
Boisaymé (Du). — 20 juin 1841.
Bonjean. — 12 mai 1864.
Bonjour (Casimir). — 2 décembre 1844.
Bonnechose (E. de). — 8 novembre.
Bonnetain (J.). — S. D.
Carrière (M.). — 12 novembre 1849.
Cougnet (H.). — 21 mai 1861.
Coquerel (Athanase). - 17 mai (*sine anno*).
Coquerel (Ch.). — 2 janvier 1824.
Corne (H.). — 6 février 1857.
Danielo (J.). — 12 octobre 1860.
Delacodre. — 4 juillet 1854.
Delcasso. — 12 septembre 1859.
De Meis (Aug.). — 20 janvier 1851.
— 29 nov. 1853.
Deschamps (Emile). — 4 février 1844.
Duguot. 15 août 1841.
Durand (H.). — 16 décembre 1856.
— (J. A.). — 25 juillet 1847.
Elmotte (R. d'). — 4 juin 1854.
Favre (E.). — 6 octobre 1860.
Galluppi. — 28 janvier 1840.
Garilli. — 2 juin 1855.
Gayangos. — 18 juin 1862.
Gazzera. — 15 décembre 1849.
Giraud. — 5 janvier 1849.
Gorini. — 20 novembre 1856.
9 janvier 1858.
Guerritore. — 15 novembre 1844.
Grimard (C.). — 22 décembre 1846.
Hamel. — 11 mai 1849.
Hamilton. — V. lettre Ulcoq.
Harmotin. — 29 avril 1847.
Hellfferich. — 2 mai 1842.
Hello. — 17 juillet 1839.
Henry (C. S.). — 15 octobre 1838.
Horner. — 26 février 1839.
Jousselin. — 25 décembre 1849.
Kastner. — 4 avril 1852.
Lacroix (Oct.). — 5 octobre 1853.
La Marmora. — 3 février 1862.
La Mothe-Fouqué [lettre 1].
La Moussaye. — 5 avril 1853.
Landon. — 1er juin 1850.
Langlacé. — 11 juillet 1858.
La Rochefoucauld-Liancourt. — 26 fév. 1857.
La Rochefoucauld-Liancourt. — 3 janv. 1858.
Laurens (H.). — 8 juin 1839.
Laya (A.). — 29 avril et 26 août 1846.
— 22 mars 1850.
Lefranc (L.). — 27 avril 1843.
Lehuërou. — 12 février 1842.
Lemercier (Vte A.). — 24 janvier 1860).
Lens (L. de). — 25 octobre 1839.
— 21 — 1843.
Leopardi (P.). — 3 novembre 1843.
Lewis (S.). — 30 juin 1845.
Lezaud. — 30 avril 1844.
Oliva. — 23 mai 1842.
Ortigue (J. d'). — 11 nov. 1853.
Pellarain [cf. lettre s. d. de J. Journet].
Revue des 2 Mondes [cf. lettre de Buloz du 30 nov. 1851].
Say (H.). — 22 juin 1846.
Schutzenberger. — 16 octobre 1849.
Serret (E.). — 11 octobre 1866.
Travers. — 26 février 1849.
Value (V.). — 1er juillet 1858.
Varnhagen. — 1er octobre 1825.
— 24 juin 1831.
Vidalin. — 6 février 1844.

En décembre 1903, le sous-bibliothécaire Leleu quittait la Bibliothèque, et était remplacé, à dater du 1er janvier 1904, par M. Lionel Dauriac[1].

M. Gréard s'était aussi occupé de l'organisation matérielle. Les fiches du catalogue étaient conservées, dans des boîtes en bois sans couvercles. Rien ne pouvait les empêcher d'être déplacées ou même enlevées, et, en tout cas, elles servaient de réceptacle à la poussière, et rendaient inutilisables deux tables de la Bibliothèque.

Pour remédier à ces inconvénients, on fit faire un meuble à fiches haut de 1m,18, large de 1m,42, profond de 0m,51, il offre 4 rangées de chacune 6 tiroirs, et, au-dessous, un casier fermant à clefs, où a été déposé ce qui subsiste de la comptabilité. Chaque tiroir est divisé en deux compartiments, traversés dans toute leur longueur par une tringle qui, passant par l'extrémité inférieure des fiches et terminée en écrou dans le fond, se présente à l'extérieur sous la forme d'un bouton très plat, nécessitant l'aide d'une clef anglaise pour permettre de retirer la tringle : condition absolue de sécurité pour les fiches.

Un petit cabinet qui servait de débarras fut muni de deux corps de rayonnages à clavettes, où furent mis provisoirement les mss. et les incunables.

Enfin la dernière travée fut isolée du reste de la Bibliothèque par une porte en bois ajourée et vitrée, et un tympan en bois ajouré et vitré de même, qui court sur les deux derniers corps de bibliothèque, et forme ainsi un cabinet de travail, à l'écart du public, pour le bibliothécaire[2].

M. Gréard mourait subitement le 25 avril 1904. — Il laissait à la Bibliothèque Cousin le souvenir d'un chef bienveillant et aimable, qui avait pris intérêt à ces fonctions, nouvelles pour lui, et s'était efforcé de suivre les conseils qu'on lui avait donnés pour l'amélioration de la Bibliothèque.

1. Arrêté du 4 février 1904.
2. C'est là que se réunit (1906) la commission.

Sur un seul point, et je me hâte de reconnaître que ses intentions étaient excellentes, il fut en désaccord avec M. de Chantepie et moi. Ce fut au sujet de la fréquentation de la Bibliothèque. Il aurait voulu l'ouvrir toute grande aux étudiants, avec cette restriction, illusoire, que la carte d'autorisation n'était valable que pour l'année scolaire. L'expérience fut concluante. M. Gréard fut le premier à le reconnaître, et la porte s'entrebâilla seulement.

Depuis, et maintenant que les livres peuvent être communiqués et consultés dans la salle de la Bibliothèque de l'Université de Paris[1], la Commission de la Bibliothèque Cousin a bien voulu, sur ma proposition, décider que seuls seraient désormais admis à travailler à cette bibliothèque, — outre le corps enseignant, — les étudiants chargés d'un travail spécial, et munis d'un mot de leur professeur, les autres pouvant demander les ouvrages pour en prendre connaissance à la Bibliothèque de l'Université. Cette mesure s'imposait, étant donné le nombre des lecteurs — considérable pour l'exiguïté des pièces — qui finissait par rendre la surveillance illusoire, et apportait quelque gêne dans le service.

V

L'INTÉRIM

M. de Chantepie fut de nouveau chargé de l'intérim, mais sa santé déclinait. Il parvenait à l'aide d'efforts inouïs à dissimuler ses souffrances à ceux qui l'entouraient, mais il dut bientôt renoncer à s'occuper aussi activement que par le passé de la Bibliothèque Cousin. Il voulut bien s'en rapporter à moi. D'ailleurs, la besogne étant toute préparée — et très bien — par lui, la tâche qui m'incombait en était singulièrement facilitée. Puis, espérant son retour prochain, je me contentai d'abord d'expédier

1. Règlement du 11 décembre 1905, § II, art. 4.

le courant. Ce n'est que plus tard, après sa mort, que je me décidai à ouvrir les paquets des libraires et à faire recommencer les envois à l'examen des nouveautés philosophiques; mais je prenais cependant connaissance des catalogues d'antiquariats allemands et italiens, et je me tenais au courant, à l'aide des périodiques français et étrangers et des bibliographies, de la production philosophique, afin de pouvoir en remettre la liste à M. de Chantepie, et ne pas laisser de lacunes pour cette année dans la Bibliothèque.

Malheureusement, M. de Chantepie ne devait plus revenir à la Sorbonne : il mourait à Joigny, le 8 novembre 1904[1].

Je ne puis mieux faire que de reproduire ce que je disais dans mon rapport du 3 février 1905 :

« Avec la parfaite connaissance des livres qui le caractérisait, il a fait de la Bibliothèque Victor Cousin une bibl. de travail de premier ordre, une bibliothèque philosophique *modèle* : le témoignage est unanime. C'est M. de Chantepie qui m'a fait l'honneur de me choisir pour son collaborateur, et j'ai eu pendant quatre ans, l'occasion de voir la somme immense de travail fournie par lui. Il a fait ou refait de sa main les fiches des volumes cotés 15871 à 17974 (fonds B. Saint-Hilaire), et la plus grande partie de celles des volumes 17975 à 21891, achetés par lui. Il avait dressé des listes de desiderata qui font l'admiration des spécialistes. Il a enrichi la Bibliothèque de plus de 4.000 volumes ou mss. Il aimait cette bibliothèque devenue *sienne*; il lui sacrifiait ses loisirs, ses vacances, — peut-être aussi sa santé. Il n'est que juste de rendre ce modeste hommage à celui que l'on doit considérer comme le véritable organisateur de la Bibliothèque, car il a inauguré un système que l'on ne saurait abandonner sans danger pour la vitalité de cet établissement ».

1. Pour le compte rendu des obsèques et les discours prononcés par MM. Pol Neveux, Chatelain, cf. *Le Républicain de l'Yonne* du 12 novembre; F. Chambon dans le *Bulletin du Bibliophile* de décembre [tirage à part, 9 p. in-8°, Leclerc]; A. Chuquet dans la *Revue critique* du 15 décembre, et G. Ducoudray, dans l'*Annuaire de l'Association amicale des Anciens Élèves de l'École Normale*, 1905.

VI

ADMINISTRATION DE M. G. PERROT

M. de Chantepie fut remplacé, à dater du 1er novembre 1904, par M. Georges Perrot, ancien directeur de l'École Normale[1]; un rapport que je lui adressai, le 3 février 1905, le mettait au courant de ce qui avait été fait jusqu'à ce jour : « ... Avant de prendre possession des livres envoyés par les libraires sur commande de M. de Chantepie, ses listes de desiderata ont été vérifiées soigneusement. Après vérification, les cartes ont été faites en double exemplaire, l'un pour le catalogue de la Bibliothèque, l'autre pour être placé à la Bibliothèque de l'Université.

« Afin d'éviter les doubles emplois avec cette Bibliothèque, vous avez bien voulu, Monsieur, me charger des acquisitions. Je ne pouvais avoir de meilleur guide que le regret é M. de Chantepie. J'ai dépouillé avec le plus grand soin les catalogues consacrés spécialement à la philosophie. Ce travail est fait chez moi... Pour les nouveautés, malgré l'habitude de nos libraires d'envoyer d'office les ouvrages philosophiques *Zur Ansicht*, je crois devoir lire les revues spéciales françaises et étrangères, ainsi que les répertoires périodiques de bibliographie, ce qui peut donner la presque certitude de ne rien laisser échapper d'important sur cette branche de la science... »[2].

Ce système fut approuvé par votre prédécesseur, M. Bienvenu-Martin, qui écrivait le 8 avril 1905 à M. G. Perrot :

« ... Mon attention a surtout été sollicitée par la méthode suivant laquelle les acquisitions pourraient être faites à l'avenir. J'ai pensé qu'il était nécessaire de continuer à appliquer la méthode employée jusqu'à ce jour, c'est-à-dire celle qui consiste dans l'intérêt même des lecteurs, à ce que la Bibliothèque Victor

1. Arrêté du 30 juillet.

2. Dans le même rapport j'appelais l'attention de M. Perrot sur le manque de place et la nécessité d'agrandissement de la Bibliothèque.

Cousin continue, comme par le passé, à être le complément de la Bibliothèque de la Sorbonne. Il m'a semblé que, pour arriver à ce résultat, il serait bon que les acquisitions fussent faites comme elles l'ont été sous l'administration de votre éminent prédécesseur, par un fonctionnaire de la Bibliothèque de l'Université, délégué à cet effet, et qui aurait la connaissance des ressources et des besoins des deux établissements... »

Le classement des Manuscrits, Incunables, etc. étant achevé, la Bibliothèque pourvue d'un sous-bibliothécaire, la mission qui m'avait été confiée expirait le 1er juillet 1905.

M. Perrot constitua alors une commission ainsi composée : M. G. Perrot, M. Dauriac (sous-bibliothécaire), MM. Bergson, Couturat, Delbos, Dumas, Hamelin, Lalande, Xavier Léon, Lévy-Bruhl, Rauh. Sur les instances de M. Perrot, j'ai accepté d'en faire partie.

Situation actuelle.

A la suite du rapport précédent signalant l'insuffisance du local, la Bibliothèque Cousin a pu s'agrandir à l'étage supérieur de plusieurs pièces, occupées précédemment par l'Agence des travaux de la Sorbonne. Ces pièces ont été rayonnées, et il a paru utile d'y transporter les ouvrages précieux et de ne laisser dans l'ancienne Bibliothèque, avec les ouvrages sur l'histoire du XVIIe siècle, que la partie purement philosophique. La nouvelle annexe constitue donc, à elle seule, une Réserve, divisée en plusieurs sections.

Réserve.

1. Manuscrits.

Tous les mss. sont timbrés, foliotés et reliés. Plus de la moitié ont été constitués à l'aide des dossiers placés en désordre dans les cartons ou mis au rebut pour être détruits. Le nombre des mss. existant à la Bibliothèque a été ainsi augmenté de 98. Ils proviennent de 3 fonds principaux : Cousin (avec quelques manuscrits légués par Fauriel), Barthélemy Saint-Hilaier et nouvelles acquisitions. Je n'ai pas besoin d'insister sur leur intérêt, que j'ai déjà signalé dans mes rapports précédents. Leur inventaire détaillé en fera ressortir l'importance.

Pourtant, je tiens à appeler l'attention sur les Pièces révolutionnaires[1] et les documents de 1848, sur le ms. de *Paul et Virginie*[2], sur l'exemplaire du *Génie du Christianisme* ayant appartenu à Chateaubriand lui-même, etc.[3]. Ces mss. sont, d'ailleurs, très libéralement communiqués, et il m'a semblé utile de les faire connaître dès maintenant aux travailleurs en en publiant l'inventaire dans une revue, en attendant la publication de l'inventaire complet. C'est ainsi que les documents de la période révolutionnaire ont été signalés à M. Sigismond Lacroix, et utilisés en partie par M. F. Braesch[4], et les documents sur la Révolution de 1848 aux historiens de cette époque[5]. Les mss. de Leibniz ont été signalés à l'Académie des Sciences morales.

Il y a actuellement 196 mss. se décomposait ainsi :

43	mss.	in	folio
92	—	—	4°
30	—	—	8°
31	—	—	12°

b) *Autographes des* XVIIe-XVIIIe *siècles*. — Les autographes placés séparément, non timbrés, dans des cartons d'où il était facile de les enlever ont été réunis en dossiers, et reliés en cinq volumes dont voici le détail :

1. Cf. F. Chambon, *Inventaire des Registres des Sections de Paris et des Pièces originales révolutionnaires* (1790-1795) *conservés à la Bibliothèque Victor Cousin*, dans la *Correspondance historique et archéologique* de janvier 1907.

2. Le ms. de Bernardin de Saint-Pierre, que l'on a cru longtemps perdu, est l'objet d'une étude minutieuse de M. le professeur G. Lanson.

3. Il a été consulté par M. Victor Giraud. Cf. *Revue d'Histoire littéraire de la France*, V (1898), p. 280.

4. F. Braesch. *Nouveaux documents sur les Sections et sur le Club des Cordeliers*, dans la *Révolution française* de décembre 1906.

5. Cf. *Inventaire des documents sur la Révolution de 1848 conservés à la Bibliothèque Victor Cousin*, dans la *Révolution de 1848*, III (1907), 331-340, et IV.

I.	Hommes illustres	(1621-1800)	3 dossiers	97	pièces
II.	Femmes célèbres	(1621-1746)	36	—	86	—
III.	Littérateurs [par ordre alphabétique]				58 + 5 fausses	
IV.	Philosophes	(1622-1806)	21	—	64	—
V.	Affaires religieuses	(1628-1733)	9	—	95	—
			Soit un total de		400	pièces

Les autographes de Boileau, La Fontaine et Racine ont été reconnus faux. Ils ont été cependant reliés, mais à la fin du volume.

Il faut joindre aux autographes 47 fac-similés, cartonnés en un volume, la plupart empruntés à *l'Isographie.*

c) *Copies d'autographes.* — Victor Cousin avait par devers lui copie de quelques autographes curieux. On a constitué un dossier pour chaque auteur, et ce fonds, qui pourra s'accroître, a été placé dans un carton. Je n'indiquerai qu'une lettre de Byron[1] du 24 juillet 1823, et une lettre de Goethe relative à Byron[2] déjà publiée par A. Brandl, mais d'après une copie moins correcte[3].

d) *Correspondance de Victor Cousin.* — La Correspondance de V. Cousin, entièrement timbrée, classée et inventoriée, a été reliée en 42 volumes, in-4°. On a pu dater la plupart des lettres grâce à leur contexte, à d'autres lettres, aux répertoires bibliographiques, et aux Annuaires de l'Instruction publique, qui ont permis d'identifier tous les noms.

Voici l'état de cette correspondance :

A	50	dossiers	179	lettres
B	187	[51-237]	881	[180-1061]
C	137	[238-375]	383	[1062-1445]
D	113	[376-489]	374	[1446-1819]
E	18	[490-508]	29	]1820-1848]
F	61	[509-570]	255	[1849-2103]

1. Publ. dans l'édition Prothero (Ld. 1901), VI, 237.
2. Cf. éd. Prothero, V, 503-21.
3. *Goethe Jahrbuch*, XX (1899), p. 3-37.

G	100	[571-671]	284	[2104-2389]	
H	70	[672-742]	268	[2390-2659]	
I	5	[743-748]	7	[2660-2666]	
J	33	[749-782]	89	[2667-2757]	
K	15	[783-798]	46	[2758-2803]	
L	130	[799-929]	408	[2804-3217]	(il y a un 2896 *bis*)
M	130	[930-1060]	537	[3218-3689]	
N	23	[1061-1084]	73	[3690-3763]	
O	15	[1085-1100]	77	[3764-3840]	
P	86	[1101-1187]	334	[3841-4167]	
Q	6	[1188-1194]	11	[4168-4178]	
R	77	[1195-1272]	250	[4179-4441]	
S	105	[1273-1378]	418	[4442-4868]	
T	45	[1379-1424]	166	[4869-5034]	
U	1	[1425]	3	[5035-5037]	
V	50	[1426-1476]	180	[5038-5207]	
W	37	[1477-1544]	100	[5208-5306]	
Y	2	[1515-1516]	7	[5307-5313]	
Z	8	[1517-1525]	9	[5314-5323]	

Total : 1.525 dossiers contenant 5.323 lettres.

Auxquels il faut ajouter les correspondances suivantes reliées à part,

Barthélemy Saint-Hilaire . . .	152 lettres.
Mme Dosne.	76 —
Prosper Mérimée	60 —
Mignet	79 —
	377

Il y a, de plus, 6 lettres dont les signatures n'ont pu être identifiées, et 15 anonymes.

Il a été distrait de cette Correspondance, conformément au désir de Cousin, des lettres qui ont été réparties dans les dossiers suivants :

Pièces personnelles	
Santa Rosa.	101 pièces.
Captivité en Allemagne.	75 pièces.

Parmi les lettres les plus nombreuses, citons :

Bersot	41	lettres	de 1840-1865
Bertrand de Saint-Germain.	49	—	de 1856-1866
Blocqueville (Mis de) . .	50	—	de 1854-1863
Bouillier	110	—	de 1839-1865
Brandis.	30	—	de 1821-1865
Decazes.	43	—	de 1827-1856
Dupin (Antoinette) . . .	31	—	de 1840-1842
Forbin d'Oppède	47	—	de 1859-1864
Lebrun	61	—	de 1855-1866
Lévêque (Ch.).	34	—	de 1843-1866
Oulif.	49	—	de 1861-1866
Massimo	41	—	de 1863-1865
Molé.	60	—	de 1834-1855
Pasquier	59	—	de 1833-1862
Royer-Collard	33		

Enfin j'indiquais, à titre de curiosité, les lettres en langue étrangère qui se trouvent dans cette correspondance :

En grec.	5
En latin.	11
En espagnol	3
En italien	112
En allemand	136
En anglais.	196

e) *Lettres adressées à M. B. Saint-Hilaire.* — Elles ont été classées par ordre alphabétique, timbrées, inventoriées et reliées. Elles sont au nombre de 356; il faut y ajouter 2 volumes reliés à part : 55 lettres de Littré, et 6 d'un M. Regnard (formant 83 ff.), ce qui donne un total de 417 lettres[1].

Il est, je crois, inutile de faire remarquer que cette correspondance est plus qu'incomplète, mais M. René Millet, héritier de

1. En vertu de l'article 13 du règlement approuvé par votre prédécesseur le 11 décembre 1905, cette correspondance, mise sous scellés, ne pourra être communiquée qu'en 1920.

M. Barthélemy Saint-Hilaire, a déclaré ne plus rien avoir en fait de papiers[1].

f) *Lettres autographes de Victor Cousin.* — La bibliothèque dans la mesure du possible, acquiert les lettres intéressantes de Cousin qui passent en vente : elles sont timbrées et mises en carton; car c'est un fonds qui, nous l'espérons, s'accroîtra par des dons ou d'autres acquisitions[2].

2. Incunables.

La Bibliothèque comprend 187 Incunables antérieurs à 1500 se répartissant ainsi :

114 . . . . grand format
66 . . . . moyen format
7 . . . . petit format

Tous sont remarquables par leur admirable état de conservation, beaucoup par leur reliure, un certain nombre par leur provenance. Un libraire spécialiste allemand, de grande compétence, M. Rosenthal, en a trouvé plusieurs qui n'ont pas de prix. Ils sont timbrés, et inventoriés conformément aux instructions, et ce travail, long et minutieux, m'a permis d'en trouver quelques-uns qui n'ont été signalés ni par Copinger, ni par Mlle Pellechet.

3. Ouvrages du xvie siècle.

Pendant assez longtemps les bibliographes ont considéré comme Incunables les ouvrages des premières années du xvie siècle, jusque vers 1520. Depuis quelques années, il est admis que les Incunables s'arrêtent à 1500; mais les ouvrages du xvie siècle n'en sont pas moins dignes d'attention. Ceux de la bibliothèque Cousin, dans un état remarquable de beauté, de conservation et de reliure méritaient une description détaillée. Il a donc été créé une section xvie siècle, comprenant les ouvrages de 1501 à 1550, section de 339 volumes qui a déjà pu

1. Lettre de novembre 1901.

2. 19 lettres *intimes* de Cousin ont été, par mesure de convenance, mises sous scellés, et ne pourront être communiquées avant 1915 (Règlement, art. 13 § 2).

rendre quelques services, et qui contient des raretés de premier ordre : éditions originales aldines, édition de Rabelais de 1547 [1], des impressions de G. Le Noir, de Josse Badius [2], Simon de Colines, etc.

4. Reliures.

Beaucoup de volumes de la Bibliothèque Cousin sont recouverts de riches reliures, et méritaient d'être mis à la Réserve.

Lorsqu'ils ont été retirés des rayons, leur nombre imposant, la variété des provenances, la beauté des reliures m'ont donné l'idée d'en faire une section à part composée :

1° des livres armoriés sur les plats;

2° des livres ayant des ex-libris à l'intérieur;

3° des spécimens de reliures (signées ou non) de toutes les époques et de tous les relieurs.

Les volumes ont été classés par format, et dans chaque format par ordre alphabétique *non d'auteur*, mais de possesseur, et pour les livres non armoriés, de relieur. Il aurait été peut-être préférable de classer par ordre chronologique, comme le conseillait M. Henri Beraldi, mais il y aurait eu, vu la différence des formats, beaucoup de place perdue, et les bibliothèques publiques ont des exigences auxquelles des amateurs ne sont pas forcés de se soumettre. Aussi, après mûre réflexion, ai-je adopté le classement actuel.

L'inventaire sera divisé en deux parties : l'une alphabétique (nom de possesseur), l'autre chronologique (livres non armoriés), de sorte que l'on aura une histoire de la reliure, du XVIe siècle à nos jours.

Pour ne pas altérer l'aspect de ces reliures, on a placé l'étiquette portant la cote sur le plat intérieur.

On a pu identifier les provenances à l'aide de la deuxième édition de l'*Armorial du Bibliophile* de Guigard (1890), de l'*Armorial*

1. Cette édition décrite par M. P. P. Plan dans sa *Bibliographie Rabelaisienne* (Paris, 1904, gr. 8°), p. 162, est *très rare*.

2. Elles ont été consultées par M. Philippe Renouard, qui prépare une bibliographie de cet imprimeur.

général de Rietstap, et du Renesse; quelques-unes sont cependant restées indéterminées.

Voici l'indication des provenances, avec l'ancienne cote, lorsqu'il n'y a qu'un ou deux volumes aux mêmes armes.

SOUVERAINS.

a) *France* : Henri III [4531, 8250], Louis XIII, Louis XIV, Louis XV, Louis XVI, Napoléon Ier, Louis-Philippe [2584, 1802].

b) *Étranger* : Georges III, roi d'Angleterre [5053], Christian VI de Danemarck [2009], Stanislas Leczinski [8745], Ferdinand VII d'Espagne [11116].

PRINCES DE FAMILLE ROYALE.

Louis de France, père de Louis XVI [4533], Charles d'Orléans duc d'Angoulême [5050], Gaston d'Orléans [14318], Philippe d'Orléans [11812], Louis Alexandre de Bourbon comte, de Toulouse [10216], Louis de Bourbon, duc de Penthièvre [6719], Condé, Charles III duc de Lorraine [3392], prince Eugène de Savoie [11783], Charles-Emmanuel de Savoie [11323].

FEMMES BIBLIOPHILES.

a) *Souveraines* : Marguerite de Valois, Marie de Médicis, Anne d'Autriche [10387], Marie Leczinska [8727], Marie-Antoinette, Christine de Suède [8645].

b) *Princesses* : Duchesse de Berry [11873], Marie-Joséphine de Provence [9116], Mme Adélaïde [6106], Mme Victoire, Charlotte Élisabeth de Bavière [9517], Marie-Anne de Condé, Mlle de Clermont) [9558];

c) Aligre (Françoise Madeleine d') [11796], Crozat, Mme Fouquet, Paule de Gondi, duchesse de Grammont [9442], princesse de Ligne, Mme de Maintenon, Mme de Montespan, Mme de Pompadour [5528...], Mme de Prie, princesse de Turenne [8764], la comtesse de Verrue[1], Mme de Vielbourg [8549].

AMATEURS ECCLÉSIASTIQUES.

a) *Papes* : Urbain VIII [4959], Clément X [7721].

1. Sur la bibliothèque de Mme de Verrue, cf. Clément de Ris dans le *Bulletin du Bibliophile*, 1863, p. 608 ; G. Brunet, *id.*, 1893, 252-59 et 567-570; E. Quentin-Bauchart, *les Femmes bibliophiles de France*, I, 420 seq.

b) de Béthune [851]; Bossuet, cardinal de Bouillon [3500], cardinal de Bourbon [2740], Brageiongue [7775], Castellan, Colbert, Estampes de Valençay [19742], Froulay de Tessé, François de Harlay[3817], Harlay de Champvallon]4833], Huet, Pierre de Lardivilliers [4553], Mazarin, Moncrif [472], Noailles, cardinal de Retz [3642], Richelieu, cardinal de Rohan-Soubise [3656], Dominique de Vic, Vintimille de Luc, Wignerod.

AMATEURS.

Aguesseau (d') [6700], Altermatt [9100], Amelot du Chaillou [2615], d'Argenson, Arnauld de Torcy [9531], Audenet[1].

Béringhen, Bertin [2139], Bignon [11793], Boissonnade [2209], Blondel de Gagny, Boufflers, Boucherat [2058[, Boutourlin [3655], Boyer de Crémilles, Brégel, Bullion.

Caumartin, Caze [836], Chanaleilles, Charron[2], marquis de Ménars, Clairon (Mlle) [9796], Coislin, Colbert, Crémeaux d'Entragues [12682], Crozat [9528];

Denis [3634], Digby[3], du Bouchet, Dufresnoy, Durfort, d'Enfermel [9968], d'Entragues.

Fauconnet de Vildé [18390], Fauriel [12905], Fayet, Feu, Feydeau de Brou, Fieubet, Fleuriau d'Armenonville [6710], Foscarini (doge de Venise) [3811], Fouquet.

Gaignat [9681], Girardot de Préfond[4], Grammont, Guilbert de Pixérécourt.

Harlay [9513], Hesselin, comte d'Hoym[5], Huet.

Lalande [2192, 9469], La Meilleraye [6698], Lamoignon, Lautrec, Lavallière [3707], Lavoisier [8874], Michel le Tellier, Hugues de Lionne, de Loménie [2578], Longepierre,[6] Louvois.

1. Sur ce collectionneur, cf. J. Guigard, II.

2. Il avait acquis, vers 1679, la bibliothèque des de Thou.

3. Cf. sur Kenelm Digby, E. Chatelain, dans la *Revue des Bibliothèques*, I (1891), 77-80, et L. Delisle (Paris, Plon, 1892, in-16).

4. La plupart des livres de ce bibliophile étaient reliés par Padeloup.

5. Sur le comte d'Hoym, cf. G. Vicaire, Table générale du *Bulletin du Bibliophile*, et baron J. Pichon, *Vie de Charles-Henry, comte de Hoym*, Paris, Téchener, 1880, 2 vol. 8°.

6. Cf. R. Portalis, *Bernard de Requeleyne, baron de Longepierre* (1659-1721), Paris, Leclerc, 1905, 8°.

Mac Carthy [3804], Malebranche [5966], cavalier Marin [12218], Mathieu Molé [4964], Montholon [20567], Morand du Mesnil-Garnier [21856], Nicolaï, Richelieu [Wignerod-Richelieu], maréchal de Richelieu [13802], Royer-Collard [2722], Sartine, Saint-Aignan, Séguier, Soubise, Sorbonne, Talleyrand, de Thou, Université [1577], Villelume, Warenghien.

Comme on le voit, c'est un véritable musée de la reliure, où les têtes de mort d'Henri III, les fleurs de France, les trois roues de Bossuet, voisinent avec les trois tours de Mme de Pompadour, les abeilles des de Thou, l'écusson écartelé de Mme de Verrue, la guivre des Colbert, ou la célèbre Toison d'or de Longepierre.

On y trouve des spécimens des grands relieurs[1], des reliures de Le Gascon [590], d'Enguerrand [8762], de Boyet, de Simier [12905], de Bozérian [10128] des reliures aux petits fers [3652], à la fanfare [8660], à la cathédrale, ou des mosaïques italiennes [4830], enfin des reliures de Bradel, Meslant, Niedrée, Capé, de Koehler, de Trautz, Bauzonnet, de Purgold, de Thouvenin, de Bibolet, Gillain, Derôme.

De l'avis des spécialistes cette collection est très précieuse. M. Gréard, avait eu la pensée, un moment, de faire reproduire les plus belles reliures, afin d'en constituer un album que l'on aurait pu mettre en vente. — Le budget de la Bibliothèque Cousin ne permet pas, pour le moment, de réaliser ce projet intéressant. Il serait à désirer qu'un Carneggie le reprît.

5. Réserve.

Enfin, il a paru indispensable de retirer des rayons les éditions précieuses de nos classiques, les ouvrages rares, ou les volumes minuscules et d'en constituer une Réserve. Là sont réunies les éditions originales des auteurs des XVIIe-XVIIIe siècles, les œuvres de Baïf, de Th. de Bèze, le Plutarque d'Amyot[2] de chez Vascosan, en maroquin citron, de d'Aubigné (*au Dezert*), de Corneille, Molière, Racine, Voltaire; on a mis aussi

1. Cf. Ernest Thoinan, *Les Relieurs français*. Paris, Em. Paul, 1893, 8°.
2. Cet exemplaire est orné d'une pièce autographe, signée, d'Amyot.

dans cette réserve la précieuse édition[1] des *Contes de Perrault* de 1697, des livres portant la signature de Malebranche, le *Décaméron* de 1757 avec la double suite etc., etc.

Tous ces volumes précieux, ces *Cimelien*, ont été placés dans deux des nouvelles salles situées au dessus de la Bibliothèque Cousin, qui ont été cédées par l'agence des travaux.

6. Bibliothèque de travail.

La Bibliothèque de travail, ainsi dégagée de toutes ses curiosités, n'en est pas moins de premier ordre pour l'histoire du XVIIe siècle (fonds qui ne s'accroît plus), et surtout pour la philosophie.

Le budget restreint de la Bibliothèque Victor Cousin ne permet plus guère d'acquisitions. La Bibliothèque n'a acquis du mois de juillet 1905 à juillet 1906 que les nos 22221-22382 du catalogue, presque tous ouvrages étrangers.

Si le Dépôt légal est réorganisé un jour, il serait à désirer, Monsieur le Ministre, que le deuxième exemplaire de chaque ouvrage de philosophie en français fût versé à la Bibliothèque, qui, étant bibliothèque *spéciale* peut espérer se compléter peu à peu.

7. Les Catalogues.

Les Mss., Incunables et ouvrages précieux auront donc des catalogues très complets, tel qu'il est prescrit par les instructions ministérielles[2]. Les autres volumes sont catalogués alphabétiquement sur fiches. Depuis un an, un double des fiches est rédigé par moi pour la Bibliothèque de l'Université.

1. « L'édition... est de la plus grande rareté. C'est un livre de premier ordre pour un bibliophile. On en connait à peine 3 ou 4 exemplaires... Il paraît que la Bibl. Cousin, à la Sorbonne, en possède aussi un exemplaire... » (Jules Le Petit, *Bibliographie des principales éditions originales*. Paris, Quantin, 1888, p. 443). Un exemplaire médiocre a atteint 1.600 fr. à la vente Double, 1881. — Le très bel exemplaire de la Bibl. Cousin vaut bien davantage.

2. Il y aura à faire, plus tard, celui de la fort belle collection des gravures.

Nouveau classement.

Ce travail énorme de bouleversement de la Bibl. V. Cousin, laisse de grands vides sur les rayons; déjà le premier travail de M. de Chantepie en avait fait aussi. Il m'a paru utile (et M. Perrot a bien voulu adopter cette manière de voir), de profiter de cette occasion pour refaire le classement si défectueux dû à la négligence de M. Barthélemy Saint-Hilaire.

Je vous rappellerai que les volumes sont numérotés de 1 à *n* *sans distinction de formats* (!!) et que souvent des volumes d'un même ouvrage avaient un numéro différent.

Pour éviter les pertes de place il m'a paru qu'un classement par format était indispensable, et les rayons *fixes* de la bibliothèque obligent d'en avoir quatre (in-folio, in-4°, in-8°, in-12°) au lieu des trois généralement adoptés. — Chaque format aura sa numérotation particulière. La refonte donc commencera pas les formats les moins nombreux in-f°, in-4°, in-12°, et si le travail se fait tel qu'il doit être fait, d'ici quelques mois la Bibliothèque Cousin sera enfin en ordre, classée, cataloguée, et même *soignée*, comme elle ne l'aura jamais été depuis la mort de son propriétaire.

La mission qui m'avait été confiée est terminée. Si j'ai pu l'accomplir jusqu'au bout, c'est grâce à la bienveillance qu'ont bien voulu me témoigner vos prédécesseurs, et les Directeurs de l'Enseignement supérieur, M. Liard, et, après lui, M. Bayet; c'est aussi grâce à la confiance que m'ont accordée les Bibliothécaires de la Bibliothèque Cousin, le regretté M. Gréard, et M. Georges Perrot, qui a tant de sollicitude pour elle, à l'aide intelligente et dévouée que j'ai trouvée en M. Camatte, surveillant de la Bibliothèque, et surtout aux conseils, aux leçons amicals et éclairées de celui qui est mort trop tôt hélas! pour voir la Bibliothèque transformée selon ses idées, M. Jules de Chantepie, Conservateur par intérim de 1900 à 1904, auquel la Bibliothèque Victor Cousin doit sa résurrection.

Veuillez excuser, Monsieur le Ministre, ce trop long rapport, et agréer l'hommage de mon profond et respectueux dévouement.

FÉLIX CHAMBON.

APPENDICE

La comparaison entre les deux règlements de 1868 et de 1905, fera ressortir la libéralité de ce dernier, en montrant que les volontés du donateur ont été pourtant respectées.

I

RÈGLEMENT DE 1868.

Le Ministre, Secrétaire d'État au département de l'Instruction publique,

Arrête :

Article 1er.

La Bibliothèque Cousin sera ouverte aux lecteurs deux fois par semaine, le mardi et le vendredi, de 10 heures du matin à 3 heures de l'après-midi.

Les simples visiteurs seront admis à voir la Bibliothèque le jeudi, de midi à 2 heures.

Art. 2.

On ne peut être admis que sur l'autorisation de M. le Vice-Recteur de l'Académie de Paris, ou sur l'autorisation de M. le Bibliothécaire en chef.

Art. 3.

Les ouvrages, manuscrits, ou gravures ne peuvent être communiqués et consultés que dans la pièce principale de la Bibliothèque, qui servira de salle d'étude.

Art. 4.

Il ne pourra être donné en lecture plus de cinq volumes à la fois à la même personne.

Art. 5.

Pour les gravures, portraits, autographes, etc., il est interdit de calquer, de mesurer avec le compas, et de se servir d'encre. Les notes seront prises au crayon, et l'on ne pourra dessiner qu'avec de la mine de plomb.

ART. 6.

Une demi-heure avant la clôture, on ne fera plus aucune communication.

ART. 7.

Les personnes admises ne peuvent prendre elles-mêmes aucun livre, ni objet quelconque de la Bibliothèque sans l'intervention des fonctionnaires.

ART. 8.

Aucun prêt ne peut être fait au dehors pour quelque cause que ce soit.

ART. 9.

Les lecteurs doivent, avant de sortir, remettre à un des fonctionnaires les livres ou autres objets dont ils se sont servis.

ART. 10.

Toute personne apportant un ouvrage du dehors, devra le déposer, en entrant, sur la table du garçon de la Bibliothèque, pour le reprendre en sortant.

ART. 11.

Les gravures et autographes ne peuvent être communiqués que d'après une autorisation spéciale de M. le Bibliothécaire en chef.

ART. 12.

MM. les lecteurs sont invités à observer les plus grandes précautions en se servant des livres qui leur sont remis, et surtout à n'y point appuyer les bras ou placer le papier sur lequel ils écrivent.

Ils sont également invités à ne rien faire qui puisse distraire l'attention des personnes qui travaillent, ou troubler le silence dont elles ont besoin.

Fait à Paris, le 20 avril 1868.

Signé : V. DURUY.

II

RÈGLEMENT DE 1905

I

ARTICLE 1er.

La Bibliothèque Victor Cousin est ouverte aux lecteurs trois fois par semaine, le mardi, le jeudi, et le vendredi de 2 heures à 6 heures de l'après-midi.

ART. 2.

On ne peut être admis à y travailler que sur le vu d'une carte délivrée par M. le Vice-Recteur de l'Université de Paris ou du Bibliothécaire en Chef.

ART. 3.

Les vacances de la Bibliothèque commencent le 1er août, et la réouverture a lieu le 3 novembre.

II

COMMUNICATION

ART. 4.

Les ouvrages peuvent être communiqués et consultés, soit dans la Bibliothèque, soit dans la salle de lecture de la Bibliothèque de l'Université de Paris. Dans ce dernier cas, les demandes doivent être faites la veille.

ART. 5.

Il ne pourra être donné en lecture plus de cinq volumes à la fois à la même personne.

ART. 6.

Les communications cesseront une demi-heure avant la clôture.

Art. 7.

Les personnes admises ne peuvent prendre elles-mêmes aucun livre, ni objet quelconque de la Bibliothèque sans l'intervention des fonctionnaires.

Art. 8.

Les lecteurs sont invités à observer les plus grandes précautions en se servant des livres qui leur sont remis.

Ils sont également invités à ne rien faire qui puisse distraire l'attention des personnes qui travaillent, ou troubler le silence dont elles ont besoin.

III

PRÊT

Art 9.

Aucun prêt ne peut être fait au dehors en ce qui concerne les volumes cotés 1 à 15000 (fonds Cousin proprement dit) à moins d'une autorisation ministérielle.

Art. 10.

Les volumes cotés 15000 et suivants (fonds Barthélemy Saint-Hilaire et nouvelles acquisitions) peuvent sortir, sur bulletin spécial, écrit, signé et daté de la main de l'emprunteur, pour un délai qui ne doit pas excéder un mois.

Art. 11.

Sout seules autorisées au prêt les personnes munies d'une autorisation spéciale du Bibliothécaire en chef accordant cette faveur.

IV

RÉSERVE ET MANUSCRITS

Art. 12.

Les volumes de la Réserve, les Incunables, les Manuscrits, et les Autographes ne peuvent être communiqués qu'en vertu d'une autorisation spéciale du Bibliothécaire en chef. Ils pourront être communiqués dans le bureau des Bibliothécaires de l'Université, et sous leur responsabilité. Ils devront être remis à la fin de chaque séance entre les mains d'un des Bibliothécaires.

Art. 13.

Sont exceptés de la communication pour un délai déterminé :

1° Un manuscrit sous scellés, qui ne pourra être ouvert qu'en 1910 ;

2° Un autre manuscrit sous scellés, qui ne pourra être ouvert qu'en 1915 ;

3° La correspondance de M. Barthélemy Saint-Hilaire, qui ne pourra être communiquée qu'en 1920.

Art. 14.

Les manuscrits du fonds Cousin ne peuvent sortir sous aucun prétexte. — Les manuscrits du fonds Barthélemy Saint-Hilaire et nouvelles acquisitions peuvent, sur autorisation ministérielle, être prêtés au dehors, en suivant les prescriptions usitées dans les autres bibliothèques pour le prêt des manuscrits.

Vu et approuvé :

Paris, le 11 décembre 1905.

Le Ministre de l'Instruction Publique, des Beaux-Arts et des Cultes,

Bienvenu-Martin.

TABLE

Angers. — Imprimerie A. BURDIN et Cie, 4, rue Garnier.

MIRE ISO N° 1

AFNOR 92049 PARIS LA DÉFENSE

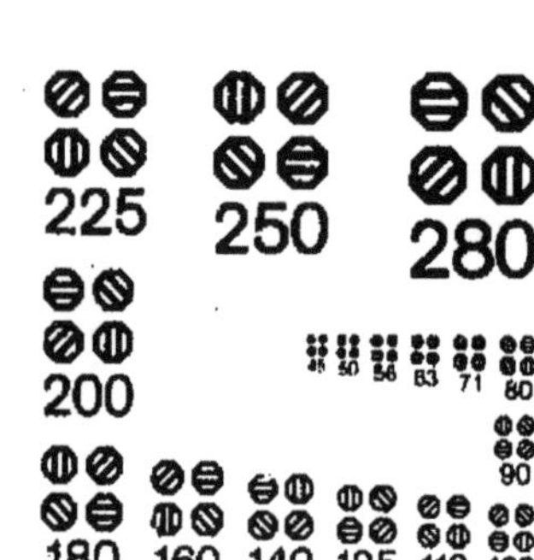

PRODUCTION  SCRIPTUM PARIS

en conformité avec NF Z 43-011 et ISO 446:1991

www.ingramcontent.com/pod-product-compliance
Ingram Content Group UK Ltd.
Pitfield, Milton Keynes, MK11 3LW, UK
UKHW021558260726
13993UKWH00002B/920

9 782329 318073